天津市哲学社会科学规划课题"互联网时代基于服
分级管理研究"（TJGL18-036）

互联网时代
顾客分级管理

基于服务成本衡量的视角

宗 毅◎著

Customer Stratification Management
in the Internet Era

From the Perspective of Cost-to-Service Measurement

经济管理出版社
ECONOMY & MANAGEMENT PUBLISHING HOUSE

图书在版编目（CIP）数据

互联网时代顾客分级管理：基于服务成本衡量的视角/宗毅著.—北京：经济管理出版社，2022.3

ISBN 978 - 7 - 5096 - 8360 - 6

Ⅰ.①互…　Ⅱ.①宗…　Ⅲ.①互联网络—应用—企业管理—销售管理—研究　Ⅳ.①F274

中国版本图书馆 CIP 数据核字（2022）第 047043 号

组稿编辑：申桂萍
责任编辑：赵亚荣
责任印制：黄章平
责任校对：董杉珊

出版发行：经济管理出版社
　　　　　（北京市海淀区北蜂窝 8 号中雅大厦 A 座 11 层　100038）
网　　　址：www. E - mp. com. cn
电　　　话：（010）51915602
印　　　刷：北京晨旭印刷厂
经　　　销：新华书店
开　　　本：720mm×1000mm/16
印　　　张：13
字　　　数：210 千字
版　　　次：2022 年 4 月第 1 版　　2022 年 4 月第 1 次印刷
书　　　号：ISBN 978 - 7 - 5096 - 8360 - 6
定　　　价：68.00 元

目　录

1 导言

在本书开始论述之前，需要从营销管理中的渠道管理角度将几个概念进行明确限定。本书的立足点是中间商或分销商（Distributor）的一类——批发商（Wholesaler–distributors），即从批发分销商的角度来看待顾客的分级管理。因此，对于批发商而言，"顾客"这个名词也需进行准确的定义。市场营销学将顾客按照购买目的的不同，分为产业用户和消费者用户两大类。前者购买是为了从事企业经营活动，如加工制造产品、转售商品或向社会提供服务；后者购买则是为了满足自身及其家庭成员的日常生活需要。对于批发商而言，由于分销效率和范围经济的原因，很少直接面向消费者市场，通常是借助分销渠道中的其他批发商或供应链下游零售商（Retailer）来进行产品或服务的转售。因此，其顾客主要是指营销渠道链条中的产业用户，如零售商。

互联网时代，很多观点认为，企业对企业的商务模式（Business to Business，B2B）和企业对消费者的商务模式（Business to Consumer，B2C）专指基于 Internet 和电子商务平台而言的商务模式。实际上，本书认为，从批发商的角度来看，无论是线上还是线下，B2B 和 B2C 均非常明确地指出了其面对的顾客群体，即其他中间商用户（Business）和消费者用户（Consumer），而第一个 Business 正是批发商自身。需要注意的是，如果从中间商的角度来看，其渠道链条的上游生产商（Manufacture）也称为供应商（Supplier）。

本书之所以选择批发中间商作为研究对象，源于多年来批发商在一个复杂的环境中运作，他们的角色很少被顾客深刻理解。作为提供本地库存和送货等物流服务的"中间商"，供应商主要将批发商视为其销售队伍的延伸。这些角色定位虽然准确，但被严重低估。一般的批发商被定位为顾客的问题解决者，帮助顾客克服供应链效率低下的问题（库存管理、预测、本地交货等），并提供在服务最终顾客方面创造竞争优势的知识。同时，批发商也被定位为分析师和供应商的市场渠道。这些双重角色表明，批发商应被视为其制造商和顾客的合作伙伴。本书着重于顾客关系探讨，从顾客为分销商提供价值的角度来考察顾客关系，而价值则通过增加的收益（这意味着顾客获得价值必须被重视）、降低的费用（这意味着复杂的服务产品以及顾客如何使用是关键因素）和优化资产配置（由顾客和供应商的期望驱动）来获取。当然，这是一个复杂的组合，但有一个问题很清楚：所有这些因素都取决于企业选择为哪些顾客服务，以及如何向他们传达价值主张。

所有的顾客都是企业的上帝吗？这是个千百年来企业不断在思考的问题。如何选择合适的顾客，并通过持续满足其需求实现企业利润最大化，无疑是企业必备的现代营销思维。国外学者通过研究已经发现，顾客分级是有利可图的，应该成为营销者主动的战略选择（Homburg et al.，2008）。顾客分级不同于传统的市场细分方法，因为对于每一个以盈利为目的的企业而言，不同消费者之间最关键的差异并非需求，而在于他们对企业的利润贡献率不同（Randall，2015）。因此，通过顾客分级的实践方法来判断哪些顾客是可以带来盈利的，哪些不是，可以有效地降低企业服务顾客的成本（Fowler et al.，2016），同时增加企业的税前盈利（EBITDA）（Lawrence et al.，2011）。显然，不是所有的顾客都会给企业带来收益。众所周知，企业为不同类型顾客提供相同的产品或服务，在成本开支上会出现很大的不同，特别是基于服务成本（隐性成本）衡量的视角，只有有效地区分出那些通过企业和顾客之间的价值交换，最能令企业满意（为企业带来的盈利水平最大化）的顾客群体，"顾客是上帝"这句话对于企业才有价值。

因此，必须要提到关系营销的概念。关系营销的核心宗旨是通过维持与顾客的关系获得顾客的终身价值。但并不是所有的顾客都值得投入，因此必须对顾客进行分级，明确需要进一步投资的顾客，而这一理念其实正是顾客分级的基础所在。关系营销的一个重要原则就是：企业应该只和那些能够为其带来高额利润的顾客加强联系（Christopher M. G. and Gattorna J., 2005）。

1.1 顾客分级管理相关理论综述

1.1.1 关系营销理念

关系营销重在顾客价值与企业价值的互创：确认企业能够给顾客带来的价值（顾客获得的价值）；确认企业能够从顾客那里得到的价值（企业获得的价值）；以及通过双方间的价值交换，使最能令企业满意的顾客群体的终身价值得到最大限度的提高。

关系营销源起于 20 世纪 60 年代北欧的工业营销，该理论将企业之间的关系认定为一种伙伴关系。订货数量和频率致使工业营销者意识到，如不能以同样价格提供更好的产品或以更低价格提供相同产品，那么企业生存的唯一方法就是与买者建立一种关系。

关系营销定义的演变至今历经了近 40 年时间：1983 年，美国市场营销学会前主席、Texas A&M 大学教授伦纳德·L. 贝瑞首次提出"关系营销"的概念。他在美国市场营销学会的一份报告中指出："关系营销是吸引、维持和增强顾客关系。"1996 年，他又给出更为全面的定义：关系营销是为了满足企业和相关利益者的目标而进行的识别、建立、维持、促进同消费者的关系并在必要时终止关系的过程，这只有通过交换和承诺才能实现。

20 世纪 80 年代，关系营销主要集中于工业企业研究中。哈佛大学李维特指出，工业企业营销策略需注意：顾客与供应商关系的真正价值在于销售之后，供应商应将工作的重心由实现销售转移到提供能令顾客终身满意的优质服务。工业市场营销专家巴巴拉·B. 杰克逊（1985）从工业营销的角度将关系营销描述为"关注于吸引、发展和保留顾客关系"。

20 世纪 90 年代，关系营销逐渐演变为一种理念和趋势。摩根和亨特（1994）从经济交换与社会交换的差异角度来认识关系营销，认为关系营销是"旨在建立、发展和维持成功关系交换的营销活动"，取代了传统营销。

随着研究的深入，很多学者提出了合作营销与终止关系的概念：格鲁罗斯（1996）认为，传统营销更多指向商业竞争性和敌对，而关系营销则代表互利合作与双赢。贝瑞（1996）也对 1983 年的定义提出修正：顾客保留如果负担过重（关系负担），超过企业盈利，则要终止关系——有选择地与顾客建立盈利和持久的关系，关注市场份额的质量更为重要。因此，本书认为，"终止"（Stop）这个词汇的提出非常了不起，特别是在"市场营销就是要满足每一位顾客的需求"这样一种思维占据主导的时代提出。可见，这既是贝瑞对关系营销思想更加深入的思考所得，也非常深刻地揭示了关系营销的本质：必须是企业与顾客的价值互创。如果企业只是一味满足消费者需求而不考虑成本付出，那么最终将不堪重负陷入危机，这一点在目前全球新冠肺炎疫情导致的国际供应链问题上尤其值得关注：必须做出有利于企业的顾客选择，前提是要找到顾客分级的有效方法与识别出高价值顾客。

进入 21 世纪，关系营销开始被视为营销网络，特别是从渠道管理的角度：顾曼森（1999）从企业竞争网络化的角度来定义关系营销，认为"关系营销就是市场被看作关系、互动与网络"；科特勒（2005）认为，关系营销就是要与关键的利益相关者建立起彼此满意的长期关系，以便赢得和维持商业业务。关系营销的最终结果是建立起独特的公司资产——营销网络，来挽留顾客。

近 20 年来，很多新的关系营销思想也百花齐放。例如，国内学者结合国情，提出信任营销的理念：丁兴良（2006）认为，今天的关系营销，更多地来源于信任感，信任是工业品营销的灵魂，从顾客感知价值（CPV）角度来探讨关系营销效果，提出一个概念模型，即以满意、附加服务价值、忠诚、信任、关系质量等因素为中介，将 CPV 的组成转化为关系营销价值，认为关系营销的实质是顾客体验的过程。国外学者 Jared Oakley 和 Alan J. Bush（2012）提出了未来关系营销的方向，应是以顾客愉悦（Customer Entertainment）为主导，强调了企业（特别是服务型企业）要特别注重对员工进行关系营销常识的培训，这是企业的竞争优势所在。Mari Smith（2013）认为，人们总是愿意与他们认识、喜欢、信任的人做生意，这是关系营销的本质。

进入互联网时代，很多学者提出关系营销在网络时代表现为增强顾客流量的各种网络营销手段，关系营销是一种强调顾客保留、满意度和终身顾客价值的战略等。

1.1.2 关系营销对顾客的意义

通过以上评述可以看出，关系营销是一种重视企业与顾客之间关系，并且通过相关产品和服务发展出长期关系，并进而塑造顾客参与感及顾客忠诚度的营销理念。尽管不同学者对关系营销的定义有些差异，但不外乎都在强调为顾客提供定制化服务，以期与顾客发展持续性的关系，其最终的目的是通过关系的维持来获得顾客终生价值。

Berry 等（1991）认为关系营销有三个层面，企业达到的层面越高，则越具竞争优势。

一是交易层面，是企业与顾客建立在交易层面上的关系，如顾客购买企业的大量产品或者服务能够获取较多价格上的折扣或者福利回馈。企业这样做的目的在于促使顾客再次消费，但缺点是这样的营销策略很容易被别人模仿，进而降低竞争性。但是在与顾客关系发展的初期，这有利于帮助企业拓展市场空间。

二是社交层面，认为长期关系必须以稳固的社交关系为基础，将顾客视为独立的个体，能够清楚地了解每位顾客的需求。因此，顾客会觉得享受到特别的待遇，进而与企业建立有效关系。

三是结构层面，除了金钱及社交层面外，也包含结构性的联结，将顾客视为独立的个体并提供高度定制化的服务，这种方式竞争对手难以模仿。

另外，在 Patterson 和 Smith（2001）的研究中，将关系营销给顾客带来的利益归结为以下三种：①信心利益（Confidence Benefit），表示顾客认为核心服务具有稳定性，而且顾客对此有信心；②社会利益（Social Benefit），表示顾客需要得到支持，他们希望得到比其他顾客更多的关心，而且只想跟他们所熟悉的人进行交易；③特殊待遇利益，表示顾客预期自己在向该服务提供者购买服务时，会受到跟别处不一样的待遇，如可以更优惠的价格或折扣买到与别处相同质量的产品。

1.1.3　顾客分级管理的国内外研究现状

本书对顾客分级研究的发展过程和理论方法进行了梳理，旨在为企业在实际的经营生活中进行顾客分级提供理论参考。

本书通过对顾客分级的国内外相关研究发现，国外的顾客分级研究可追溯到Bellis-Jones（1992）提出的，大多数公司由于服务某些顾客而付出了相当多的成本导致部分利润受损，而针对这种情况首先要做的就是分辨出哪些顾客需要企业的高服务成本和是否值得；同年Percy和Rossiter根据消费者对品牌的忠诚度，Kotler（1997）根据顾客的消费频率分别给出了将顾客进行分级的方法。类似的单一维度分类方法因为操作简单一直被各类企业和国内外学者沿用至今。

国内的研究则始于刘倩（2002）提出的顾客金字塔分层法，她认为企业可以按照顾客对企业利润贡献率的不同将顾客划分为四个层次，分别是铂类顾客、金类顾客、铁类顾客以及铅类顾客，这种分层考虑了许多与利润率相关的变量，如消费额等，目的是避免将有限的资源为顾客提供相同的服务，从而降低资源配置效率，不利于核心顾客的满意度。

基于此，可以认为，国内外学者的相关研究大致可分为两大类：一类是不分行业提出顾客分级的理论依据与方法；另一类则是针对不同行业特点，提出顾客分级的具体实践方法。

在第一类研究中，Homburg等（2008）提出顾客优化（Customer Prioritization）的定义，强调在营销中应根据顾客的重要性对顾客实行差别化待遇，当企业对不同级别的顾客运用营销工具组合的差别越大，则优化程度越高；并给出顾客优化自检表，包括从产品与服务、价格、销售、流程与沟通几大元素的角度判断分级的有效执行情况和实施效果；同时利用实证分析方法，实地选取 310 家企业进行分级优化后的结果分析，发现会产生较高的顾客平均利润和销售回报。

Lawrence 等（2011）直接给出了"顾客分级"（Customer Stratification）这个词汇，强调顾客分级是建立在众多不同因素基础上的将顾客分组的行为，如利润、收入、忠诚度和服务成本等。特别是对于 B2B 类型的中间商企业，这种分级方法可以帮助它们决定哪些是能够增加企业利润和帮助企业成长的顾客。给出的具体方法是：先建立一个顾客分级框架，按照顾客的盈利能力、购买力、顾客忠诚度和服务成本四维度（每一维度都由子因素组成）的高低将其划分为四类——机会主义顾客、边缘顾客、核心顾客与服务流失顾客。四维度决定了顾客的级别（ABCD），通过收集具体企业数据进行级别判定，从而判断出企业全部顾客的归属（具体是哪一类顾客）。

Randall（2015）则将销量、毛利、服务成本和顾客关系作为分级维度，并以此为依据划分出明星顾客（高销量、高利润率、低服务成本和强关系）和无用顾客（低销量、低利润率、高服务成本和糟糕关系），无用顾客不仅会占用企业成本，还会转移企业对明星顾客的关注度。

我国学者刘倩（2002）提出了"顾客金字塔"主张，认为企业应对利润贡献率最高的顾客提供最优质的服务。李雁晨（2008）提出，对顾客进行分级，对不同类型顾客施以不同营销工具组合，是利润最大化的主动战略选择，甚至应主动放弃一些顾客。朱振达（2009）提出，加强老顾客分级管理是实施顾客份额价值管理的策略之一，采用年限和购买量两个变量来判断最有价值顾客及其为企业创造的价值。顾炜（2014）提出了面向 Drupal 系统运用 PHP 开发语言和 MySQL 数据库设计的顾客分级管理系统等。

在第二类研究中，Raeisi - Gahrooei 等（2018）提出，在电力企业中，可以依据该行业不同的特征将顾客分成同类别但独立和不重叠的亚组，如按照电力税、合同权力、地理位置和地区类型等变量。黄涛等（2012）提出，建筑行业应按照顾客对建筑产品的不同目标要求、各市场建筑行业的差异，以及与顾客合作的项目体量和合作经验等因素进行分级。曹守晔等（2014）提出，金融消费者应按照风险承受能力、是否具备金融知识和经验等因素分成初级、中级和高级消费者。韦朦（2015）提出采用精准营销顾客筛选漏斗模型进行顾客分类。张蕾等（2016）提出，顾客分级的目的是清晰地识别不同价值的顾客，为企业的营销决策提供依据，指出目前我国顾客分级主要应用于银行信用卡业务、航空公司及B2C电商三个领域，主要采用单一维度分类、多个因素聚类以及 RFM 模型等方法。在成品油领域，可根据顾客消费水平和基本特征，运用聚类分析得出顾客分级模型。

综上可以看出，虽然顾客分级研究由来已久，但国内研究近几年主要集中于行业性的分级研究，而从企业营销共性的角度探讨的实际方法不多。国外研究则主要集中在 B2B 领域，特别是针对供应链环节中的中间商，针对 B2C 领域的研究有待加强。

1.2　顾客分级具体方法的研究

综上可以看出，顾客分级概念的提出是在关系营销基础研究上的进一步细化研究。但是，由于有些研究具有强烈的行业特征，数据指标无法进行统一量化，因此不具有广泛的适用性，探索适用于大部分企业的顾客分级多维指标一直是需要深入研究的课题。现有的顾客分级或者顾客细分方法主要有 RFM 模型分析法、CLV 分析方法等。

1.2.1　基于 RFM 模型的顾客分级方法

RFM 模型分析法是目前最被接受的分级模型。RFM 模型是由 Arthur Hughes（1994）根据网店顾客消费行为数据研究提出的，主要包含最近一次消费（Regency）、消费频率（Frequency）和消费金额（Monetary）三个指标，曾被广泛应用于直销领域。其中，最近购买时间（R）表示顾客最近一次的购买时间和分析时间点间隔的天数。如果该值较小，表明顾客在短期内刚有过购买行为，可以认为顾客重复购买的可能性较大，这类顾客的价值可能比较高。购买频率（F）表示计算期内顾客购买产品或服务的次数。一般来说，顾客购买频率越高，这类顾客越忠诚，顾客价值越大。购买金额（M）表示计算期内顾客的购买总金额，一般来说顾客购买金额越大，顾客越忠诚，顾客价值越大。

很多学者在此基础上对 RFM 模型进行改进，使其获得了更广泛的应用。Jonker 等（2009）基于 RFM 模型创建了一种新的通过确定顾客邮件发送频率刺激顾客购买行为的决策系统。季晓芬和贾真（2015）基于 RFM 模型分析了服装企业 VIP 顾客的忠诚度、活跃度，并结合模糊数学方法构建判断矩阵，将三维数据（RFM 得分）变为一维数据进行比较，为从多角度对企业进行 VIP 顾客管理与服务提供参考依据。吕斌和张晋东（2013）在运用 RFM 模型对商业银行顾客进行分类的基础上，通过数学算法确定了商业银行各类顾客的营销策略问题。王渊（2013）利用顾客交易的历史数据算出每位顾客的 R、F、M 值，之后利用 RFM 模型确定顾客的价值高低，再针对不同价值类别的顾客采用基于顾客偏好的协同过滤技术进行个性化商品推荐，有效提升了顾客的重复购买率。陆娜等（2018）以 RFM 模型为基础对网店顾客的价值进行了细分研究。

也有一些学者通过加入更多的维度指标或者根据本行业特征重新定义 R、F、M 指标的方法改进 RFM 模型。例如，计海斌（2010）在对 RFM 模型进行改进时用用户的消费积分替代购买的总金额，并用一段时间内用户持续时间来体现用户的购买能力。乔中杰（2011）则在 RFM 模型中引入了"用户的访问频率"。蔡淑琴等（2013）则将 R 定义为最近一次评论距现在的天数，F 表示一段时间内发表评论的次数，M 表示一段时间内认为评论有用的人数，同时引入了情感变量（S），代表评论中情感词的总数，用以进行意见领袖的识别。赵萌和齐佳音（2014）则引入顾客在购买时的评论行为指标（P），使用改进后的 RFMP 模型研究顾客的终身价值。陈科帆和周文钦（2018）根据通信行业的特点加入六大指标后提出了新的 D–RFM 模型，对企业顾客进行精细化运营。杜科和邓佳雯

（2018）在对房地产企业的研究中通过引入购房总面积指标（A）提出了适用于房地产企业的 RFMA 模型。

另一种方法是将 RFM 模型与其他的计算方法结合起来使用，使用 RFM 模型作为数据收集指标，在数据收集后采用不同的数学计算模型将顾客进行分类，并且不仅仅用于营销领域，也将 RFM 模型分析方法推广到了更加广阔的领域。在这方面也有大量的学者做出了许多的贡献。闫春等（2018）将随机森林算法与 RFM 模型结合起来用于对财险顾客的分类研究。王锐等（2018）则将改进 RFM 模型与粗糙集的指标权重计算方法结合起来用于证据推理的 MOOC 学习者忠诚度度量模型研究。俞守华和张琦（2018）根据 RFM 模型指标，使用两步聚类的算法对 Y 公司顾客进行了实证研究。

总结起来，目前关于 RFM 模型的使用早已不再局限于既定的最近一次消费、消费频率和消费金额三个指标，而是根据自己所研究的课题或者企业的具体情况重新定义或者改进 R、F、M 三个指标所指的内容，或者加入新的衡量指标后提出新的更加适用的改进 RFM 模型，并且在获取所需数据后，与其他的数学计算方法相结合合理评价顾客的价值或者对顾客进行分级管理。在第 10 章中，笔者根据 2018～2020 年对某橡胶生产企业的数据追踪，尝试使用改进型 RFM 模型结合聚类分析这种数学方法对其进行基于服务成本的顾客分级研究，这跨出了之前一直在研究的批发中间商的研究范围，将基于服务成本（Cost to Serve the Customer，CTS）的顾客分级进行了应用推广，并为企业提出了相应的对策建议。

1.2.2 基于顾客终生价值的分级方法

Barbara Bond Jackson（1985）将顾客终生价值（CLV）定义为顾客当前以及将来所产生的货币收益的净现值。Bitran 和 Mondschein（1997）认为，CLV 是顾客在整个生命周期内所产生的货币价值的折现值。Gupta 和 Lehmann（2003）将 CLV 定义为顾客所产生的所有未来价值的现值。Verhoef 和 Donkers（2001）明确提出顾客价值应分为当前价值（Current Value，CV）和潜在价值（Potential Value，PV），两者相加构成 CLV。相应地，制造商终生价值的含义可以描述为制造商整个生命周期内为企业所带来的货币价值的折现值,其由制造商当前价值与潜在价值构成。

近些年来,随着学者们研究的深入,越来越多的指标和内容被引入有关 CLV 内容的研究。连漪和杨硕(2016)实现了基于忠诚度的顾客价值细分模型构建及其应用。冯一纲(2016)完成了基于顾客终身价值视角的顾客口碑推荐价值的实证研究。齐佳音等(2015)完成了考虑顾客风险修正的顾客终生价值建模研究。陈少霞(2017)则实现了基于价值结构的顾客盈利性测量与管理研究。但是,尽管越来越多的内容和指标被列入了研究的内容,关于顾客终生价值仍旧有许多内容未被涉及或者还没有进入学者们的视野,并且有些研究由于带有强烈的主观性,因此很难被量化或者衡量,这些都是需要进一步研究的内容和课题。

随着市场经济的不断发展,企业能够提供的产品和服务越来越多元化,关系营销已成为营销哲学的核心,顾客关系生命周期是营销关注的重点,强调顾客导向与企业职能之间的协调与整合(经营理念层次)。因此,顾客分级势在必行,并且已经在实际的经营生活中得到了广泛的应用。企业实行顾客分级并且有针对性地进行管理和制定营销策略能够有效提升顾客的忠诚度和企业的经营效益,进而获取更大的竞争优势。

1.3　服务成本与顾客分级的关系研究

服务成本全称为服务顾客的成本,很多研究者都分析过其本质,它是在产品成本中表现不出来的那部分,它可以是顾客不支付账单导致企业产生的信用下降、人力增加问题,或是某些顾客无休止地提出要求导致企业计划变更造成时间浪费、物流增加等问题(Randall,2015)。服务成本比较复杂,是指超越货物成本而分摊给每个顾客的其他总成本(Narayanan et al.,2007)。服务成本受众多因素影响,如订单额、每日维护成本、运输成本、存货成本等。服务成本也是企业可以向不同顾客销售同样商品时收取不同费用的唯一因素。然而，大约只有11%的 B2B 企业追踪过服务成本，虽然很多数据都可通过企业的 ERP 系统获取（Lawrence et al.，2011）。国内则针对具体行业，如物流顾客服务成本（黄由衡等，2006，2007）、医疗服务成本（郑文，2007）、社区卫生服务成本（苗蕾等，2011）、公共服务成本（王志章，2015）等给出了具体的估算方法，如企业 CLV 方法、成本会计方法等。

国外学者常把服务成本看作顾客有效分级的重要维度之一，持此观点的包括 Lawrence 等（2011）、Randall（2015）、Fowler 等（2016）。服务成本通常包含 5~7 个子因素，如平均订单额、平均产品数量、平均维护日均费用、电话订单占比、同一天交货量、回报额等。这些因素通常与利润率一起作为净利润考察值，成为一个衡量顾客类别的核心维度。

综上可以看出，服务顾客的成本常常是隐形的甚至是被忽视的，但对于企业却是非常重要的。截至目前，服务成本在不同行业定义不同，但对于顾客分级而言，若想衡量出顾客的利润贡献度，则必须将服务成本进行分解和量化，否则分级的有效性不能保证，同时必须想办法降低服务成本，否则企业的盈利性也不能保证。

互联网时代的企业应具备互联网思维，即如何更为便捷地服务顾客、降低服务成本、增加企业利润。遗憾的是，如何借助于网络营销方法（如搜索引擎营销、社区化营销、口碑营销、微博微信营销等）来达到对顾客服务成本的管理，国内外相关文献很少涉及。

1.4 本书的学术价值和应用价值

（1）学术价值。通过文献梳理可知，顾客分级研究无论是对于 B2B 企业还是 B2C 企业而言，利润的提升均非常有效，但前提是必须借助于正确的顾客分级方法。现有的分级方法均集中于多个维度共同赋权重考察，对于其中的重要隐形维度"服务成本"的贡献程度却研究不足、重视不够。本书尝试选择批发中间商服务顾客的成本作为重点维度进行量化，以便于衡量基于服务成本差异的顾客分级效果，希望能够对服务成本如何影响顾客分级从而提升企业利润率进行验证。

（2）应用价值。B2B 企业与 B2C 企业在网络时代下，如能借助网络营销方法，降低服务成本，则可提高企业的利润率。本书尝试采用实地调研的方法进入企业，采用大量企业实地案例，确定个性化服务成本的组成因素，尝试应用网络营销手段，希望能为企业的顾客分级实际应用提供参考。

1.5 本书结构框架

本书按照研究内容可分为理论模型与实际案例两大部分，一方面介绍了顾客分级模型和框架，另一方面着重于案例研究实例的实际应用（见表 1 -1）。

（1）顾客分级模型与框架：动机和趋势、顾客分级框架。

（2）顾客分级具体做法：顾客购买力、顾客忠诚度、顾客盈利能力、服务成本、顾客策略、实际案例分析（详细提供了批发分销不同行业的真实案例研究，以及基于 CTS 的制造业顾客分级拓展案例）。

（3）路线图——行动计划（本书末尾列出了在公司中实施顾客分级框架的行动计划和建议）。

表 1 -1 本书结构框架

章	应用	目标
1 导言		
2 互联网时代顾客分级主张	描述客户分级的必要性	了解批发商—分销商必须实施客户分级的原因

续表

章	应用	目标
3 顾客分级框架	展示基于四大维度的客户分级模型	了解有利可图的顾客与不太有利可图的顾客
4 顾客购买力	理解三个影响因素：顾客支出（收入）、访问的产品/项目数量、产品线覆盖率	根据购买力确定顶级顾客（顶线驱动）
5 顾客忠诚度	理解三个影响因素：订单数量（hits）、订单一致性（订单模式）和收入增长（趋势）	根据忠诚度/终生（协作和行为水平）确定顶级顾客
6 顾客盈利能力	理解三个影响因素：毛利率（美元）、毛利率百分比和盈利趋势	根据盈利能力确定顶级顾客（底线驱动）
7 服务成本（CTS）	确定真正的 CTS；确定 CTS 测量的最佳实践；基于七个因素开发易于实施且实用的 CTS 模型	了解顾客层面的真实净利润贡献；根据开展业务的难易度确定顶级顾客
8 整合研究：顾客终生价值与净利润	通过结合第 4~7 章中的因素开发多因素客户分层模型；提供针对各种行业进行定制的灵活性方法	比较核心顾客、机会主义顾客、边缘顾客和服务流失顾客四类顾客，针对客户类型制订行动计划
9 顾客策略	基于顾客类型制定战略——核心顾客、机会主义顾客、边缘顾客和服务流失顾客	定价决策；销售人员重新部署；销售人员薪酬；销售和营销优化；最佳库存决策
10 真实案例的实践过程	了解人员、流程、技术和指标的实施；展示来自不同行业的一流公司如何实施顾客分级；展示真实世界的例子和结果	了解实施中涉及的各种组件；了解如何根据特定行业和公司环境定制顾客分级模型
11 顾客分级行动方案	提供实施顾客分级的行动计划和建议	结论和后续步骤为公司应用顾客分级提供了行动方案

2 互联网时代顾客分级主张

主要关注：

- 顾客分级思想
- 顾客分级动机和趋势

2.1 分级的思想

通过实地调研发现，很多批发类分销商会有自己的顾客分类，如自来水管道分销商将其顾客分为四类：核心类、宾客类、基本类和复杂类。核心类顾客了解分销商服务和产品的价值，他们使分销商保持盈利；宾客类很少购买，并且忠于竞争对手；基本类顾客购买的数量非常少；复杂类顾客则需要更多的关注，难以服务。还有一种中间商则将顾客细分为核心类、偶然类、复杂类和不易处理类。其中，核心类顾客是那些了解分销商服务和产品价值的顾客；偶然类顾客是竞争对手的关键顾客；复杂类顾客只关注价格，只有在有促销或折扣力度较大时才会购买；不易处理类顾客是那些难以服务、总是协商更低的价格和更高水平顾客服务的类型，但对于企业而言，这类顾客的数量还很多，因此他们对分销商至关重要。好的分销商会根据各种因素对顾客进行分类，但对于大多数批发分销商而言，顾客分级仍然是一个未被完全探索的领域。

其他行业并非如此，如航空公司、酒店、零售商店和其他服务企业。例如，当你走到机场的售票柜台时，你会注意到两条通道——优先通道和一般通道。无论航空公司怎么称呼它，这都是顾客细分或顾客分级的一种明确形式。其信息是，首要顾客非常重要，航空公司打算鼓励或激励一般通道的人走向优先通道。对首要顾客的价值表现为便捷、定价优势（严格控制）、更多的服务、更少的等待时间、即时帮助等。为了更好地了解顾客，航空公司会查看旅行频率、支付价格、总花费、提前预订时间、取消机票、更换机票费用等信息，航空公司拥有细分顾客群所需的所有信息。同样的理念也适用于连锁酒店和汽车租赁公司。这些行业虔诚地实践顾客分级，并让顾客知道自己所属的细分类别，如铂金类、黄金类或白银类。其动机就是通过了解和区分营利型和非营利型顾客，主要面向增长和市场份额来分配资源和调整信息策略（定价、营销和促销）。

2004 年，电子产品零售商百思买（Best Buy）开始根据销售记录将其商店里的"购物狂"认定为"天使"。百思买根据人口统计数据和购买模式，进一步将"天使"归类为高收入男性、郊区妈妈们和对最新电子产品感兴趣的人。这一分类帮助百思买改变了自有商店对顾客的认知，并培训其销售人员以服务优质的顾客。百思买还确定了无利可图的顾客，甚至制定了避免他们前来的策略（McWilliams，2004），潜在的信息是"并非所有顾客都平等"。这与本书开始所讨论的那个问题，即"所有的顾客都是企业的上帝吗？"再一次契合。

因此，批发商必须更好地了解顾客。但问题是，他们的信息技术（IT）系统中是否有可靠和可量化的、定期的记录信息？他们应该如何对其顾客群进行分级？批发商近年来看到了互联网时代服务需求的激增：顾客需要本地库存、供应商管理的库存、集成供应、更多的技术支持、先进的采购解决方案、维修服务、采购管理、电子商务解决方案等。分销商总是使用服务来区别于竞争对手，但是新的服务增加了成本，顾客可能不愿意付给分销商足够的钱来支持分销商为他们提供额外的服务。在产品方面，顾客希望产品能更便宜、交付速度更快、质量更好，最终结果是多年来一直压缩分销商的利润，因此分销商现在被迫降低服务成本或提升服务价格。

有些顾客应该支付更多的费用，有些顾客应该得到更少的服务，有些顾客应该不惜一切代价得到保护（Lawrence，2006）。大多数顾客分级应用程序集中于单一维度，如销售量或毛利率，但这并不能保证一个盈利或实际的结果。因此，本书提出了一个结合了几个维度的顾客分级框架。分销商没有无限的市场营销资源，所以确定这些维度的优先级至关重要。本书希望开发一个整体、实用、易于实施的顾客分级模型，因此参考了笔者在美国 Texas A&M University 访学时导师团队（Barry Lawrence Group）的实验成果。该实验室创建了一个研究联盟（由多家公司组成——分销商、制造商和技术提供商）资助顾客分级研究，横跨六个行业，进一步整合了顾客分级模型，以确定销售活动的优先级，展示了其重要性，从卖方的角度确定顾客的优先级，数据为实地调研这些公司所得，研究长达六年。该数据帮助企业创建一个实用、科学、简单和整体的顾客分级框架；确定"真正的 CTS"，利用现成的 IT 系统信息，辅助市场营销工作，为销售人员提供有意义和可操作的顾客信息，管理利润不足的顾客，改进定价决策，建立顾客关系管理方面的最佳实践。研究团队的顾客分级模型得到了改进、简化和实施，并在建筑材料、化学品、电气、电子、流体动力、燃气设备、采暖通风空调（HVAC）、工业用品、户外设备等多个行业的公司中进行了记录。本书致力于采用这些实际调研案例，确定顾客分级框架和特定的 CTS 模型，目的不仅是使用基于服务成本的顾客分级来区分顾客，而且旨在为企业未来业务提供蓝图。

2.2 顾客分级动机和趋势

顾客分级是指根据盈利能力、收入、忠诚度和服务成本等各种因素将顾客划分为不同群组的过程。分级过程帮助分销商确定他们可以与哪些顾客一起成长并保持盈利。

顾客分级的好处有多方面，下面列出了实施这种方法的关键收益（此处提到的每个方面将在第 9 章中详细说明）：

（1）更好的库存管理。顾客分级过程可帮助企业维护或提高关键顾客的服务级别，同时减少或重新部署库存。

（2）定价优化。该过程可以帮助企业根据销售机会和与每个顾客相关的 CTS 为顾客定价。

（3）改进了谈判方案。如果销售人员拥有关于顾客与其他顾客相关的特征信息，将能够更好地做出明智的决策，顾客分级恰恰能明确这类信息。

（4）更准确的销售人员部署。考虑到销售代表必须处理的顾客数量，销售人员的时间非常稀缺。顾客分级帮助发现了关键顾客，可以使销售代表更好地集中时间处理与关键顾客的关系。

（5）目标销售人员薪酬。顾客分级有助于使销售团队的目标与公司的目标保持一致。

（6）新的增长机会。顾客分级流程指导分销商制定识别和捕捉新产品和最终市场机会的策略。这些策略反过来又为市场营销部门提供了一个关注新前景的路线图。

（7）更好的市场营销沟通。顾客分级有助于分销商通过媒体，即现场销售和顾客服务代表等直接渠道，以及目录、顾客会员卡和网站等间接渠道明智地分配其营销预算，同时实现更高的投资回报（ROI）。

2.2.1 顾客分级和盈利能力

很长一段时间以来，分销商们一直在为他们提供的服务争取报酬。在过去的六年里，Texas A&M University 的分销研究团队已经为来自不同行业的分销商完成了许多关于这个主题的项目。例如，作为一个定价优化研究联盟的结果，该团队确定了五个关键的定价驱动因素（有效定价决策的基本因素），它们对于提高利润是至关重要的：

（1）顾客等级/分级（盈利和不太盈利的顾客）；

（2）项目排名或卖方项目的可见性（根据销售、命中率和盈利能力确定项目的重要性）；

（3）顾客的项目可见性或买家的项目排名（从订单数量、交易近期性和顾客支出的角度确定项目的重要性）；

（4）单位成本；

（5）毛利率水平。

在确定要以什么成本提供哪些服务时，分销商必须管理这五个定价驱动因素。图2-1显示了批发分销商应用这五个定价驱动因素的权重。这些信息是基于300多家批发商提供的平均数字，他们在六年时间里参加了 Texas A&M University 的各种研究联盟、研讨会和教育会议，主题包括定价、优化分销商盈利能力、销售和市场优化。

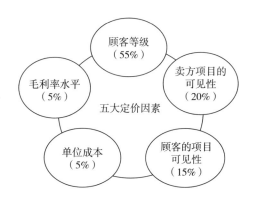

图2-1　批发分销中的五个关键价格驱动因素

资料来源：Texas A&M University。

顾客等级是分级分析结果中权重最高的，为55%。原因在于：实践证明，有些公司实施了五个关键驱动因素的组合，但许多公司只实施了顾客等级驱动因素来进行顾客分级，即使如此，这些公司还是实现了实质性的毛利率改善或服务成本下降。因此可以说，经过记录的顾客分级方法，已成为批发分销商最重要的最佳实践。

2.2.2 顾客分级发展趋势和最佳实践

许多分销公司主要是销售驱动（营收），而不是成本驱动（CTS 和净利润）。例如，新冠肺炎疫情导致的经济衰退对营收驱动的公司来说相当具有挑战性，因为收入的下降迫使它们降低价格或大幅增加服务，以留住现有顾客。这一策略的问题是，分销商没有针对性地选择顾客，而是对所有顾客都采取以上的策略。实际上，应该针对顾客分级类型来确定哪些顾客值得为其降价，哪些值得为其提供更多服务。一种更有选择性的方法是支持那些表现出更高忠诚度，从长远来看可能会获得高利润，并最终会被培养成为核心类的顾客。成本驱动的公司则变得更加聪明，它们开始跟踪顾客级别的盈利能力——创造顾客层面的损益表，但仅针对特定顾客。生存率恰恰取决于分销商针对每种顾客类型的策略。

分销商至少应：①监控顾客盈利能力；②适应不断变化的顾客需求，以保持盈利，并在业务和经济周期中生存（Eyink，Marn and Moss，2008）。关键是根据不同维度来监控顾客盈利能力：收入、盈利能力、CTS 和生命周期/忠诚度。图 2−2 显示了 2005~2010 年分销商之间顾客分级的趋势。Texas A&M University 的研究团队每年通过项目工作、研究联盟、调查和面对面的访谈，跟踪 200 多家跨越不同行业范围的分销商。受访者包括来自不同行业的分销商，包括电气、电子、

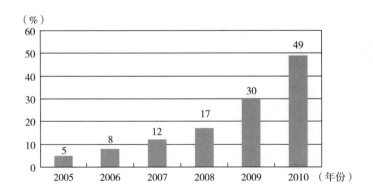

图 2−2　2005~2010 年进行顾客分级的批发分销商的占比

资料来源：Texas A&M University。

汽车零部件、金属、HVAC、石油和能源/工业、管道阀门配件（PVF）、化学品、建筑材料、流体动力和其他渠道。

尽管进行顾客分级的批发分销商的占比从 2005 年到 2010 年呈上升趋势，但研究团队只看到少数公司处于顾客分级的真实、最佳实践水平。大多数分销商应用程序包括衡量 CTS、利润率、忠诚度和销售，最复杂的应用是 CTS。

2.2.3 CTS

CTS 指的是针对每位顾客所付出的总成本中除去货物成本（the Cost of Goods Sold，COGS）的分配成本。大多数批发分销商发现这很难估计（Narayanan et al.，2007），因为 CTS 受到多种因素的影响，如订单大小、付款天数、运输成本、库存成本等。CTS 是允许企业针对不同顾客对同一产品收取不同价格的唯一决定因素。不同顾客需要的服务水平转化为 CTS，并成为利润的主要决定因素。

为了准确定价并保持盈利，公司使用基于作业成本法（ABC）的计算等流程来跟踪 CTS。ABC 方法是一个为每个顾客计算各种分销商服务分配成本的过程，这个过程会为每个顾客产生一个 CTS 价值。

案例 2 - 1　跟踪 CTS

在最近的一项调查中，针对 100 个批发分销商，只有 11% 的公司跟踪 CTS。一家公司的总裁说："盈利的关键是真正了解服务每位顾客的成本。为了盈利，企业必须了解总成本。这意味着包括运费、工资、发票和基础设施成本。还应该包括根据顾客的行为为每位顾客服务的成本。"另一家分销商说："如果我们没有开始 CTS 计划，我们就会经历困难的商业周期，并且不会成功。但是，我们需要一种更简单的方法——一种企业中的任何人都可以理解的方法并信任这种方法。"

资料来源：Texas A&M University。

但现实是，ABC 方法需要根据顾客要求的各种服务来计算出每个顾客的总

CTS，以确定每个顾客的真正盈利能力。分销商还需要使用从企业资源规划系统（ERP）收集信息来开发 ABC 方法的替代方法。无论选择何种方法，分销商都必须了解 CTS 才能成功实施顾客分级（Young，2008）。许多批发分销商表示，很难让企业成员接受复杂的 ABC 方法，因此需要一种更简单、更直接的方法来衡量 CTS——这将在接下来的章节中加以解释。

2.2.4 超级"S"流程组

已有学者将分销商业务流程分成七个组，统称为"7S"（Lawrence，Gunaseka-ran and Krishnadevarajan，2009）。这七个"S"是资源、库存、存储、销售、发货、供应链规划和支持服务。优化分销商盈利能力的研究表明，通过在销售流程组（超级"S"流程组）实施最佳实践，5.2%的 EBITDA（利息、税项、折旧和摊销前的收益）可以提高到11.4%。结论是，分销商可以通过使用所有 7S 的最佳实践，将其 EBITDA 增加一倍以上。基于盈利能力的影响，销售流程组是七个"S"中的顶级组，因此分销商应重点关注销售流程组，以提高运营利润。优化分销商盈利能力，深入研究在销售流程组中影响 EBITDA 的流程。特别是顾客分级，推动了 EBITDA 的改进，这影响了其他关键过程，如市场营销和定价。

销售过程组包括三个子组，即销售、市场营销和定价，如图 2 - 3 所示。在每个子组中，由顾客分级驱动的一些主要活动是：

图 2 - 3 顾客的分级驱动销售流程组

注：销售或超级"S"流程组包括销售、市场营销和定价，所有这些过程均由顾客分级驱动。

（1）销售情况，包括销售人员的生产力、调配能力、补偿能力等。

（2）市场营销活动，包括资源分配、业务机会管理等。

（3）定价。顾客分级驱动了50%以上的定价公式（其他因素包括项目排名、顾客项目可见性、单位成本和毛利率水平）。

2.2.5 风险管理

帕累托法则告诉我们，20%的顾客将产生80%的销售额。多年来一直可以看到，一个典型分销商的盈利或收入能力的80%来自不到10%的顾客（见图2-4）。这值得思考，因为这表明多数批发分销商的成功仅掌握在少数顾客手中。

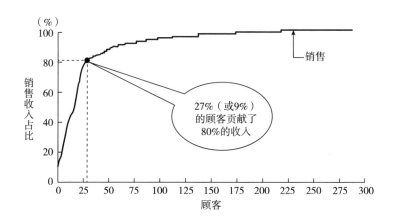

图2-4 销售收入与顾客的关系

注：该销售收入的帕累托法则基于一个分销商的300名顾客。

保护核心顾客并不断致力于开发下一个潜在的核心顾客是企业销售团队的核心目标。这个过程应增加该类别的顾客数量来分散风险。销售人员是一个必须正确部署的宝贵资源，他们通常从收入的角度更好地了解顾客，但这往往降低了盈利能力。该解决方案有一个全面且易于理解的顾客分级框架，可以指导销售人员优化其时间，并将业务风险降至最低。

案例 2-2   多样化销售

一家建筑材料分销商，其 8% 的顾客贡献其净利润的 80%，这些都是分销商的核心顾客。如果其中一个顾客不再与其合作，他几乎能把分销商拖垮，因此风险管理相当重要。许多分销商认为，他们必须使销售多样化，以免变得过于依赖某一个顾客。这家分销商也信奉同样的想法，所以他的销售团队一直试图在所有潜在的核心顾客中花费同样的时间。但他们却无法行之有效（主要是因为他们没有必要的工具来帮助他们了解哪些顾客最有潜力），所以他们的销售策略不够集中，不足以创建出其他核心顾客。

资料来源：Texas A&M University。

2.2.6   资源分配

了解顾客应该更关注 CTS 和忠诚度因素，其重要性要远远超出收入和毛利率因素。例如，销售经理在培训和部署销售人员并做出关键决策时，必须从更广泛的角度了解顾客。顾客分级不仅有助于销售经理在策略上分配资源，还可以帮助销售人员更好地分配与顾客相处的时间。顾客分级为团队构建销售计划提供了一个共同的平台。

顾客分级还有助于营销经理根据顾客类型而不是地理位置或收入潜力来确定公司的年度预算。根据忠诚度、CTS 和盈利能力的不同，通过营销信息（价值主张）判断的顾客类型可能存在显著差异。当被要求描述想做的业务时，销售人员通常限于对收入或毛利率的考虑，而更好的过程应是分析核心顾客（包括现有的和潜在的），并为企业想要做的业务的销售人员开发一个价值主张。一个全面的顾客分级框架可以帮助企业进行创建，从而在市场渗透和新顾客获取方面带来有利可图的增长。例如，分级可以有效改善企业与顾客的关系。分销商实施了顾客分级流程，并向销售人员推广该方法。很多问题围绕着某些顾客是否应该被视为核心顾客或者仅仅是提供一般服务来展开。一些被顾客分级过程认定为潜在的无利可图的顾客却被销售团队视为非常有价值，由此产生的沟通交流使企业能够更好地了解顾客以及评估其盈利能力。团队确信，有些存在争议的顾客为企业提供了价值，但顾客分级的过程并没有抓住这些价值所在。因此，该团队修改了相应的分级过程。在调整之后，销售团队也有了一个更好的了解如何改善与这些顾客关系的机会。

2.2.7 销售人员薪酬

制定销售人员薪酬体系对许多行业部门来说是一个挑战，批发分销商也不例外。一个全面的顾客分级框架可以为企业提供一些参考，可以帮助建立一个有效的薪酬体系。当企业通过顾客类型（来自顾客分级分析）来观察销售代表的绩效（收入和盈利贡献）时，可以更好地看到销售业绩与公司目标之间的协调程度。例如，确定收入和毛利率的比例有多少来自核心型顾客、多少来自服务消耗型顾客，有助于销售经理衡量销售团队与公司目标业务的一致性。这反过来也可以与补偿结构相连。关键的挑战是克服销售人员对将 CTS 纳入薪酬模型的阻力。必须让销售人员参与顾客分级过程，以充分了解 CTS 变量，并向公司和销售人员展示盈利增长的好处。本书认为，一线销售人员是否能理解 CTS 的意义取决于基于顾客分级的公司目标有多重要。

2.2.8 盈利性增长

成长是组织成功的关键。增长带来盈利能力（更多销售和相关利润），达到规模经济（增加净利润率百分比），并降低与失去主要顾客或地区市场下降相关的风险（降低风险导致信贷成本降低）。然而，经济增长也有自己的风险。增长可能由收购、自发力量（增加对现有顾客的销售）、垂直整合（接管顾客或供应商流程）或横向整合（增加新产品或服务）推动。

每种策略都有可以通过顾客分级来减轻的风险。例如，收购会带来新顾客、新资产和新费用。顾客分级可以确定哪些顾客增加了最大的价值（核心顾客），允许公司在消除新公司网络中的冗余流程或资产时做出更好的决策。另外，自发增长可能来自折扣或向低利润顾客提供服务。顾客分级可帮助销售人员了解这些决策对盈利能力的影响。

垂直整合可以增加顾客或供应商的业务,尽管这也意味着分销商可能将不得不承担额外的费用和投资。垂直整合的最初决定应基于新流程为现有或潜在核心顾客提供的价值,因为他们可能会补偿分销商的投资/成本(非核心顾客不会)。与横向整合相似,核心顾客未购买的产品可能无利可图,他们未访问的新服务可能没有补偿。

2.2.9　关键问题

对分销商的压力导致了一些有趣的问题:

(1) 分销商能否采用/实施一个实用、简单又科学的顾客分级框架?

(2) 所有顾客是否都平等?企业是否应该同样地对待所有的顾客?

(3) 企业如何确定为顾客提供服务的真正成本?

(4) 对于 IT 系统不断收集的所有数据,人们应如何利用现有的和随时可用的系统信息?

(5) 应该不再与某些顾客合作还是调整与他们合作的工作方式?

(6) 已经测试和实施了哪些不太知名的顾客分级最佳做法?

(7) 如何以最少资源实施顾客分级最佳做法以实现更高的投资回报率?

笔者访学时所在的供应链系统实验室的研究团队——Texas A&M University 的工业分销项目的研究部门(ID),开始通过建立一系列联盟回答这些关键问题:定价优化、分销商利润优化、销售和市场优化、增长和市场份额优化,如图2-5所示。Texas A&M University 的研究人员每年都会建立和运营研究联盟以研究和发展为导向的教育项目。这些联盟研究分销主题,并开发实用的方法和工具,以帮助联盟成员改进他们的业务流程和优化股东价值。本书揭示了 2005 年以来的一些关键发现。

研究联盟共同接待了 60 多个来自不同行业的分销商。每届会议的调查结果如下:

(1) 价格优化。该联盟产生了一个定价框架,可以在任何 IT 系统上以最少的资源来实现。它更像是一种自己动手的定价方法，逐步构建：

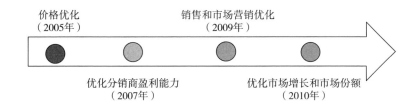

图 2 – 5   Texas A&M University 供应链系统实验室研究联盟的重点领域和时间

● 分析。主要的定价变量是顾客分级（按顾客类型划分）、库存分层、顾客的购买频率、产品成本和历史毛利率水平。这五个变量通常可以在任何分销商的系统中使用。该模型还涉及为顾客提供服务的成本。

● 定价规则。以定价规则的形式将这五个变量结合在一起。规则由最近价格、最近成本、顾客最高价格、团组最高价格、建议价格和总最高价格等参数驱动。这些规则可能是由毛利率驱动的或由价格驱动的。简而言之，分析步骤中的五个变量产生了一组关注顾客、产品和购买地点的定价规则，这些规则能够帮助销售人员在巨大的压力下做出更好的决定（Young，2008）。

● 决策方案制定。定价优化模型与系统中可用的信息一并提供了一个科学的公式体系（价格方程）。销售人员用实际经验结合公式来补充决策方案，形成一个系统辅助的专家决策过程。

（2）优化分销商盈利能力（Optimizing Distributor Profitability，ODP）。2007年的 ODP 研究联盟采用了由以下五步组成的框架：

● 确定流程和盈利能力差距。Texas A&M University 的研究团队开发了分配功能的流程和财务框架，作为这个联盟的第一步。首先，团队确定分销业务的结构化为"7S"流程的集合，每个流程都被定义为常见的、好的或最佳实践。这是一个评估平台，供分销商评估流程和识别流程差距（如果他们使用一个通用的或良好的实践，那么在最佳实践水平方面就存在差距），以及评估流程性能。

● 映射股东的价值。在确定了流程差距之后，分销商必须通过将相应的业务流程与股东价值联系起来来了解这一差距的重要性。

● 了解最佳方法。然后，分销商会识别、应用并记录他们在所有七个流程组下的最佳实践，以及他们遇到的任何挑战。

● 评估盈利能力。该联盟还开发了各种方案，以确定潜在的分销商盈利能力。这些情景是基于两个财务报表——损益表和资产负债表。

● 启用并实现。这最后一步强调了增长和学习对任何成功的最佳实践实施的重要性。员工必须了解最佳实践，必须演示流程，必须定制技术，并且度量标准必须与股东的价值联系起来。

（3）销售和市场营销优化（Sale and Marketing Optimization，SMO）。在 SMO 联盟中，ODP 五步法被扩展到销售和营销过程。其中一些亮点包括：

● 通过复杂性和机会管理发展业务是分销商的竞争优势。

● 三方（顾客、销售人员和公司）协调是销售人员绩效的基础。

● 了解销售团队要做的业务与定义顾客的价值主张一样重要。

● 经验和判断可以带来增长，但科学辅助将导致有利可图的销售。

● 销售和市场营销过程可以与股东价值和顾客服务联系起来。

（4）优化市场增长和市场份额（Optimizing Growth and Market Share，GMS）。优化市场增长和市场份额为分销商的增长过程提供一个框架。其步骤包括：

● 设定公司的目标；

● 选择增长策略；

● 确定增长机制；

● 进行市场调研；

● 确定增长机会（现有市场/新市场）；

● 针对市场选择；

● 运行增长进程。

Texas A&M University 研究团队深入探讨了顾客分级，并利用真实分销商的数据，定量和现实地回答了上面提到的许多问题，同时在许多环境中测试了这些研究结果，以证明它们的可靠性。主要的研究结果包括：

（1）一个四维、整体、简单并易于实现的顾客分级框架，以理解盈利和非盈利顾客；

（2）一种易于实现的替代 CTS 方法，作为传统 ABC 分级方法的替代品；

（3）针对每个顾客的业务战略，使分销商能够执行最佳的资源分配；

（4）顾客分级流程，有可能提高定价和减轻业务风险；

（5）顾客分级的最佳做法，如果实施得当，可能会是分销商现有 EBITDA 的两倍以上。

3 顾客分级框架

主要关注：

- 制定一个全面的顾客分级框架
- 确定每个顾客对整体盈利能力的贡献
- 为企业构建一个分级模型
- 确定顾客分级分析的实施因素
- 确定执行顾客分级分析的数据需求

3.1 全面的顾客分级框架

顾客分级是根据关键标准（如销售量、盈利能力、忠诚度和CTS）将顾客划分为一组的过程，以了解盈利和不太盈利的顾客。它是在事关定价、销售或营销资产等决策中最重要的变量，也是在特定库存、设施和其他决策中最重要的变量。顾客分级也是公司必须进行的更敏感的话题之一。

可以理解的是，由于销售人员与顾客建立了长期的关系，他们对顾客产生了情感依恋，所以很难了解这些顾客可能属于一个盈利不多的集团，如高CTS或低盈利能力。这就是为什么批发分销商需要一个更容易被理解且客观的标准来分类顾客。主观因素应尽可能地被排除出这个过程。此外，如果没有销售人员的参与，包括改变库存水平或顾客关系的最佳实践实施将不会成功。因此，客观的标准应该推动顾客分级的过程，以增加企业成功的机会。

顾客分级越来越受欢迎，但没有得到正确应用。本书按照不同层次定义了常见做法、良好做法和最佳做法，这三种做法可以适用于任何批发分销商评估其内部的顾客分级。因此，企业可以通过不同的分级方法来提升自己的实践水平以增加股东价值。通过一些企业在特定业务流程中实际的演练，从顾客分级的常见做法过渡到良好做法再进化到最佳做法，其绩效正在逐步提升（见图3-1）。

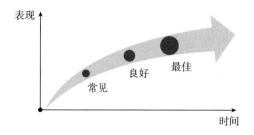

图3-1 顾客分级实践级别

资料来源：Lawrence F. Barry, S. Gunasekaran P. Krishnadevarajan. Optimizing Distributor Profitbility：Best Practices to a Stronger Bottom Line ［M］. Washington D. C.：NAW Institute for Distribution Excellence, 2009.

案例3-1 是否需要进行顾客分级

几年前，子午线-威尔希尔供应公司（MWSC）——一家电子产品分销商，开始迅速扩大其销售力量，以发展与中西部现有顾客的业务。MWSC的销售和营销费用大大增加，但分销商未能在顾客那里获得更高的销量。尽管销售人员投入了更多的时间，但收入并没有得到改善。MWSC有2568名活跃用户，其销售团队试图通过花费大量时间与所有用户打交道来识别机会。多年来，MWSC已经明白，它不可能服务所有顾客。每个销售人员都有基于月收入的优先名单，最近的现实迫使MWSC考虑顾客分级，以有效地指导销售团队。MWSC现在将其顾客分为三类：防御型、评估型和开发型。MWSC 的顾客分级是基于收入、盈利能力和其他一些主观因素。虽然该模型并不全面，但它能帮助销售团队有效地部署工作，并促使销售团队与管理团队更好地沟通。与此同时，MWSC 正在努力将 CTS 因素纳入其模型中。

3.1.1 常见做法

常见做法包括在分销商操作中广泛看到的那些流程。使用常见的而不是最佳的做法，有时可能是由于缺乏流程框架，也可能只是因为常见做法被认为是最简单的流程执行方法。当被问及为什么要使用这种做法时，大多数分销商会说："为什么要修复一些目前没问题的方法呢？"这些过程通常是基于理所当然的旧理论、推荐做法的过于简单化或缺乏对分销商需求的 ERP 系统支持。导致公司简单来采用常见方法可能属于这类情况的原因有很多，可能是由于顾客环境，也可能是由于组织的复杂性或数据的因素。对顾客分级的常见做法如下：

（1）没有定义的顾客分级。

（2）顾客分组是基于市场类型或产品系列。

（3）顶级顾客是基于收入（而不是所有的顾客都有排名）；重点只关注 2% ~5% 的顾客。

案例 3-2　常见做法的实例

一家屋顶建筑分销商在其最大的分支机构中大约有 623 名顾客，分销商决定根据其所得收入对前 25 名顾客进行排名。销售和管理团队为这 25 名顾客举办了顾客感恩活动。在公司不同地点的培训和其他活动期间，分公司经理了解到这 25 名顾客的需求，设定了销售目标，并讨论了为这些顾客提供的服务。之后，该公司为这些顾客举办了一次年度高尔夫锦标赛，由分销商的供应商赞助。

另一个分销商根据市场类型对顾客进行分类。该公司根据顾客的业务性质和需要对顾客进行分组。顾客群体为：①住宅，②商业，③政府，④教育，⑤军事，⑥医疗保健，⑦食品和饮料。

上述做法主要针对单一因素（如收入或市场类型），但通常企业的业务状况需要对多个因素（如 CTS 达到最佳水平、忠诚度和盈利能力）综合考虑来最大化股东价值。此外，这些因素（如市场类型）往往缺乏顾客层面的细节。

3.1.2 良好做法

良好做法介于常见做法和最佳做法之间。当公司从常见做法转变为最佳做法时，往往处于一个过渡状态，这时可以判断出其正在使用一种良好的做法。通常，获得良好状况本身可能会给公司带来显著的改善和好处。公司通常采取循序渐进的方法，从常见做法转移到良好做法。它们试图保留最佳做法的核心方法，但要考虑到在实施过程中遇到的实际限制。基于单一因素，顾客分级的良好做法为：①销量（销售额），②毛利率，③业务潜力。

销量（销售额）对于实现规模经济至关重要。毛利率客户愿意在市场低迷期付款这一事实很大程度上说明了他们在市场上行时将会怎么做，所以评估顾客盈利能力的另一个关键因素是他们的业务潜力。较为棘手的是，本应客观地衡量这个维度，但通常情况下都是通过销售人员主观评估所得。

案例 3-3　良好做法的实例

一家金属分销商根据收入对其所有顾客进行排名。占收入前 60% 的顾客被称为超级绿色，接下来的 20% 被称为绿色，再往后的 15% 被称为黄色，最后的 5% 被称为红色。有五年以上经验的销售人员与超级绿色顾客和绿色顾客一起工作，黄色顾客被分配给接受销售管理人员培训的新销售人员，红色顾客则被引导到内部销售和在线订购。超级绿色顾客是拥有长期协议、特殊定价协议、更好的付款条件和批量折扣的战略客户。同时，公司根据顾客组分级来设置产品退货政策和产品交付的数量。

石膏板分销商则根据业务潜力对顾客进行分类。销售人员和管理层共同努力，以确定每个顾客的排名。这种方法是主观的，但公司每年都会在战略会议上对所有顾客进行审查。根据业务潜力，将顾客划分为关键型、保护型、目标型和低优先级型。

尽管上述做法显示出了相比常见做法的改进（如处理顾客层面的细节），但仍然关注对单一因素的主观评估，导致可能在长时间内不可持续的偏见性结果。这些做法缺乏客观的评估和多因素的方法，因此可以被认为是良好做法，却不是最佳做法。

3.1.3　最佳做法

最佳做法是基于观察到的行业实践和应用批发分销研究所证明的理论结果和最佳实践的结果。这些最佳做法已经被信息技术提供商和个别公司证明和采用。然而，最佳做法通常是在数学框架中开发的，每个公司的环境都需要不同的支持过程。顾客分级的最佳做法基于多个因素，包括：

（1）顾客忠诚度、CTS、业务潜力、盈利能力和人际关系；

（2）上述方法的一些组合（一种组合方法）。

顾客忠诚很重要，因为获得一个新顾客总是比维持现有顾客成本更高。如果顾客要求过多的服务，CTS 将压倒毛利率。在低迷的市场中，销售团队可以很容易地提供服务，以获取短期销售，但这会有长期的不良后果。业务潜力将有助于评估未来的盈利能力和销量。盈利能力是一个关键因素，应该解决毛利率和现金问题——带来全面的图景。关系也很重要，但挑战在于在衡量这个变量的客观组合方法中，如何判断每个因素的重要性，即为每个因素分配个体的权重，并将多个因素组合在一起。

案例 3－4　最佳做法的实例

一个电气分销商使用多种标准来分析其顾客。分销商一直致力于了解顾客的需求，并有效地细分顾客，以帮助制定定价决策、部署销售人员、提供服务、进行市场营销和介绍新产品。该分销商在美国有 36 家分支机构仍在旧的顾客细分系统下运作，只专注于前 50 名顾客（常见做法）。

多年来，分销商进入了新的市场，并开拓了新的地点，以扩大其市场领域。8 家分支机构扩大为 17 家，顾客数量迅速增长，销售队伍也是如此。分销商认识到，如果想要保持盈利，并最佳地分配营销资源，就有必要开始详细地关注所有的顾客。公司开始根据销售收入和业务潜力（良好做法）对顾客进行排名，销售经理们开发了三类顾客——战略顾客、目标顾客和复杂顾客，通过更多地关注某些顾客群体，帮助销售代表更有效地利用他们的时间。

该分销商通过收购继续扩张，由 17 家分支机构增加到 36 家，业务变得相当复杂，有越来越多的分公司、越来越多的顾客需求不断增长、利润缩水、频繁的新产品引入、激增的运输费用，以及库存分布得更广泛。销售副总裁意识到需要一个更复杂和更全面的顾客分级框架。他开始用多种标准来看待每个顾客——销售额、利润额、顾客增长价值（三年来的销售额趋势），以及经商便利性。经商便利性包括支付天数、顾客要求的报价数量、特殊定价协议的需求、当天交货、订购方式（在线、电话、传真）、产品退货、访问的产品线数量以及填写订单的交货时间。之后，结合所有的因素来确定顾客的排名，顾客类别从 3 个扩展到 6 个，该分销商现在有战略型、目标型、高维护型、复杂型、长尾型和低优先级型的顾客。顾客在每个分支机构和公司层面都有排名。顾客还可以根据产品线进行排名——电缆、保险丝、开关、变压器、配件等。顾客排名是销售团队关于定价和时间分配的决策过程的关键部分。

执行这一新战略最重要的步骤是教会销售人员了解顾客排名方法。销售人员的投入也被纳入了排名框架中。这些投入根据每个顾客类别（六组）产生的收入和毛利率得到补偿。这个过程汇集了销售专业知识、ERP 系统数据和顾客行为/性能，构成了精心设计的顾客分级模型（最佳做法）。

来自实施类似项目的批发分销商的一些评论①包括：

• "销售人员需要更聪明地工作，并能够灵活地应对顾客。我们需要了解和分析我们的顾客，以确保我们具有竞争力。顾客排名使我们能够减少开支，同时保持我们现有的销售队伍规模和高水平的顾客服务。"

• "使用顾客分级技术分析顾客，使管理层能够在影响最大的顾客中部署销售资源，并避免销售人员根据他们对顾客关系的认知角度决定与谁相处和提供服务时出现的问题。有时他们是对的，但通常他们会向无利可图的顾客提供服务，或向低优先级的顾客提供折扣，误认为这些顾客是战略型顾客或目标型顾客。"

• "我们的许多竞争对手被迫减少销售人员，减少在顾客面前服务的时间。因此，我们注意到某些产品线的市场份额有所上升，并对经济反弹处于有利地位。"

分销商所做的一切都是基于信息的。确定最佳做法的业务流程，并将企业的 IT 系统与这些流程相结合是应对当今业务挑战的最佳解决方案。识别、记录和调整最佳做法流程将使企业能够有效地管理资源并响应顾客服务需求。

3.2　顾客分级框架模型

分销商的优势是顾客愿意为此流程支付或创造竞争优势，这是其核心竞争力所在。然而，顾客通常要求提供公司核心能力之外的服务，或者要求分销商提供的服务会使分销商与顾客之间的关系无利可图。因此，销售人员应该努力与顾客建立盈利的关系。本书所构建的顾客分级模型有助于确定这些盈利的关系，该模型根据四维度对顾客进行分类：

（1）购买力；

---

① 源于 Sommers（2009）。

（2）盈利能力；

（3）顾客忠诚度（生命周期）；

（4）服务成本（CTS）。

这四个因素衡量了总销售（购买力）、毛利率、随着时间变化的忠诚度以及服务顾客（保护净利润）的成本，这些维度都与销售团队的决策有关系。该模型将顾客划分为四种不同类型中的一种：核心型、机会主义型、边缘型和服务流失型。模型详见图 3－2。图中向上和向右箭头显示了相应维度的增长趋势（盈利能力、忠诚度和购买力），向下箭头表示 CTS 维度中的递减趋势。

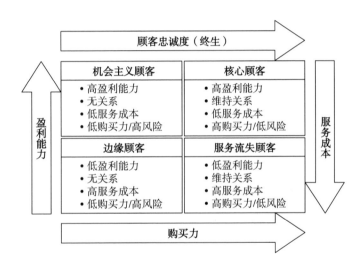

图 3－2　顾客分级框架

购买力被定义为销售额/收入、产品线覆盖率和顾客购买的项目数量组合；盈利能力被定义为总利润——总利润额、总利润比和在 2~3 年的时间线上的盈利趋势；忠诚度的定义包括 3~5 个因素——订单数量（点击率）、订单模式/订单持续性以及趋势/收入增长。如果有必要，来自购买力的两个因素（产品线覆盖率和所购买的产品数量）也可以视为忠诚度要素。然而，在使用时，应该谨慎行事，不要在忠诚度和购买力两个指标下重复计算这两个因素。可以观察到，分销商在购买力和忠诚度下的因素往往非常灵活，并且可以互换使用它们。CTS 是最困难的因素，但也是完成顾客分级难题的重要部分。如果 CTS 被忽略或没有被正确认知，该模型会出现将服务流失顾客作为核心顾客、边缘顾客作为机会主义顾客的现象。ABC 方法或其他替代方法可用于量化 CTS，该模型为 CTS 应用了一种替代方法，且易于理解（导致更广泛的可接受性）和实现（由于常见的数据）。此外，它在与 ABC 方法相比的成本效益分析中也表现良好。

ABC 属于工作密集型方法，并且可能会被关键人员认为是无效的，如销售人员。例如，一家被 ABC 方法主导的分销商发现，A 市的单位装载成本为每个托盘 50 角，而 B 市的每个托盘为 5 元。销售人员知道这不可能是真的，并忽略了分析。更重要的是，即使分析得正确，也不会为销售人员提供提高盈利能力所需的指导。为了使该方法有效，销售人员需要知道顾客需要改变哪些行为，或者哪些服务需要收取更高的价格。本书开发的替代方法找到了与三种资源类型相关的多个因素——销售、运营和财务，并且可以直接与可操作的指标联系起来。CTS 将在第 7 章中详细讨论，其他三个因素将在第 4 章（顾客购买力）、第 5 章（顾客忠诚度）和第 6 章（顾客盈利能力）中进行详细探讨。要从更广泛的角度理解该框架，我们将假设我们拥有建立顾客分级模型所需的所有信息。

3.2.1 核心顾客

在图 3-2 中，右上象限中的顾客是最重要的顾客。他们有高购买力，低风险，忠诚度高，盈利能力高，CTS 相对较低，这些顾客都是核心顾客。他们付款良好，并以合理的水平获得核心能力。他们会存在很长时间，和公司做大量的业务。此外，公司的存在还依赖于这些核心顾客：销售人员，乃至公司里的几乎所有人，都知道并重视这些核心顾客。然而遗憾的是，核心顾客只占许多公司总顾客群中的一小部分，通常为 5%～10%，占收入的 60%，产生净利润的 80%（净利润是盈利能力和 CTS 因素的结合）。这些顾客非常重视公司的产品和服务。他们想和公司一起成长，同时让公司保持赚钱。销售人员保护这些顾客，为他们提供优质的服务，并寻找更多的机会。

案例 3－5 关键顾客的特殊标识

一家电力分销商将其核心顾客归类为关键顾客。关键顾客按收入和毛利率代表了公司前 10% 的顾客。关键顾客列表将被传达给整个组织。仓库中的库存特别为这些顾客进行彩色编码，以帮助应用者有效地识别他们的产品。分销商甚至在内部销售团队的电话上添加了一个彩色灯，以识别这些关键顾客的来电时间。

3.2.2 机会主义顾客

机会主义顾客不会表现出很高的购买力和忠诚度，但他们会支付良好的毛利润，使用企业的标准服务模式，并提供良好的净利润。这些顾客通常关注两件事：可获得性（当他们的常规供应商没有某个特定产品时），或者是在其他地方难以买到的特定 C 或 D 产品。他们其实是企业竞争对手的核心顾客：当竞争对手的库存耗尽时，机会主义的顾客就会出现，而且他们不会具有黏性。机会型顾客约占顾客总体的 5%，占收入的 5%，占净利润的 10%。销售团队一直在寻找与这些顾客长期发展业务的方法，因为销售人员将机会主义顾客视为潜在的核心顾客。诀窍是弄清楚如何在不使用折扣的情况下将他们转换为核心顾客，否则就会使他们变成服务流失型顾客。

案例 3－6 重新部署销售人员以管理风险

管阀配件分销商将其机会主义顾客归类为目标顾客。该公司的战略是将销售人员的时间从不那么盈利的顾客重新部署到目标顾客。这花了近一年时间，但该公司的下一个核心顾客来自目标顾客组。分销商必须推出新的产品线，降低某些产品的价格，并提供特殊的服务来吸引这些目标顾客。该分销商本质上是通过增加其核心顾客基础来管理风险。当 60% 的收入和 80% 的净利润来自少数顾客时，有效地管理和扩展核心象限就至关重要了。

3.2.3 边缘顾客

边缘顾客并没有表现出很高的购买力或忠诚度。他们还支付低毛利率，在价格和服务上击败企业。残酷的现实是：他们的主要驱动力是以最低的价格获得最高水平的服务。边缘顾客通常会购买小批量和一些精选的商品，缺乏数量、集中购买和低价格意味着高 CTS 和高风险（所选产品周转慢、过时率高）。销售人员应该淘汰这些顾客，但当他们得到补偿的销售或毛利润时，他们就不愿意这样做。这一象限的顾客显然不够理想，因为分销商忙于服务这些顾客，却得不到多少利润。事实上，这个象限的顾客反而通常占到公司顾客的大多数。边缘顾客消耗销售资源的很大一部分，占顾客的 70% ~ 75%，占收入的 5% ~ 10%，占净利润却不到 5%。关键是识别出这些顾客，从而让销售人员减少花在他们身上的时间，除非有增长机会（当顾客处于机会主义和核心顾客的边缘时，这是可能的）。

3.2.4 服务流失顾客

服务流失型顾客难以识别，也难以处理。具有挑战性的是，他们表现出高忠诚度和购买力，这一点特别类似于核心顾客。然而，服务流失顾客产生的是较低的利润，并且需要较高的 CTS。这一象限由那些寻求低价格和高服务水平，同时长时间贡献高购买量的顾客组成。服务流失顾客可能需要高服务项目，如供应商管理库存、整合供应或没有任何充足补偿的其他现场服务流程。即使顾客愿为这些服务付费，这些服务也可能超出了公司的核心竞争力，而且几乎任何价格都无利可图。

服务流失顾客通常占顾客的 5% ~ 10%，约占收入的 30%，只产生总净利润的 10%。大多数服务流失顾客会给企业带来负利润。事实上，分销商是以降价和过度服务的形式向这些顾客付费提供产品。然而，那些处在服务流失和核心象限之间的某些服务流失顾客贡献了一个正向的净利润，并整体提高了这一象限顾客的表现。显然，如果没有客观的顾客分级模型，将很难区分这两组服务流失顾客（负向与正向的顾客），这总是导致服务流失顾客实际上被视为核心顾客。本书前面 3.1.3 部分所讨论的最佳做法，恰可以通过量化 CTS 和盈利能力维度来准确地识别这一类顾客。

案例 3 - 7　转化服务流失顾客

一家供暖通风空调分销商对顾客进行了分级，确定了其顾客象限，为每个象限制定了策略，并与其销售人员共享信息。在 8 个月的时间里，销售人员积极影响了一些服务流失型顾客的购买模式，并最终将他们转化到核心象限。然而，销售部门仍然面临着管理象限底部的少数服务流失顾客的挑战。这些顾客最初是机会主义顾客，然后转移到核心象限。随着时间的推移，过度的折扣和免费服务继续推动一些顾客进入服务流失象限。所以，分销商不得不问自己：谁造成了服务流失型顾客？该公司考虑过不再与这些顾客合作，但他们担心竞争对手会更好地管理这些顾客从而使其重回核心象限。因此，销售团队仍在探索与这些顾客合作的盈利方式。

3.2.5　实施因素

以下是在定制分级框架时需要考虑的四个实现因素：

（1）组合模型。企业最初将根据购买力、顾客忠诚度、盈利能力和服务成本（CTS）这四个维度分别对顾客进行 A、B、C、D 的排名。购买力和忠诚度等级将组合起来形成基于 CLV 的顾客排名。盈利能力和 CTS 等级将组合形成基于净利润（NP）的顾客排名。最后，将 CLV 排名和 NP 排名组合起来，确定四大顾客象限。模型的层次结构如图 3 - 3 所示。

这四个维度都包括各种因素，每个阶段均将采用多标准方法来确定顾客等级 A、B、C 和 D。分销商将根据与其业务相关的重要程度来确定每个因素的重要性（确定权重），以决定顾客分级框架的最终顾客象限。例如，在购买力条件下，有三个因素：顾客支出（收入）、产品线覆盖率和访问的项目数。一家分销商在购买力条件下使用了这三个因素，权重分别为 70%、15% 和 15%。另一家分销商只使用顾客支出（收入）这一个因素，则顾客消费权重为 100%。因此，框架是可扩展和灵活的，以满足每家分销商的需求。同样的逻辑也可以扩展到其他维度。

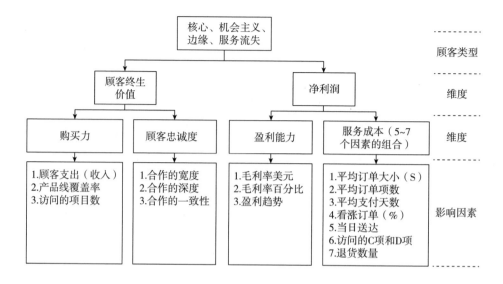

图 3-3　顾客分级模型

注：此图剖析了顾客分级模型，并列出了构成四个关链维度的因素：购买力、顾客忠诚度、盈利能力和服务成本（CTS）。

（2）聚合级别。顾客分级分析可以在不同的聚合级别上进行，最常见的是分支级分析或区域级分析，这是源于地区或公司级的分析。另外，分析也可以在更细的层次上进行，如根据细分市场、产品线或销售人员级别。各种聚合级别分类实例如图 3-4 所示。

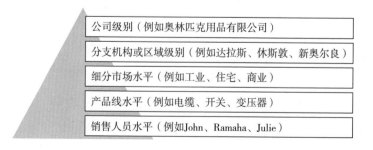

图 3-4　顾客分级——聚合级别

- 分支机构级别。该分析旨在细分由特定分支机构或地点提供服务的所有顾客。同样的分析也可以在区域或公司层面进行，这取决于组织在共享资源和报告财务业绩方面的结构方式。例如，公司分为三个地区（如中西部、东北和西南），则应在分公司（本地）和区域层面进行分析，这将帮助公司了解适用的相关性能和一些内部最佳实践。全国分销商同时进行地点和公司级别的分析，这将导致每个顾客有两个不同的排名：每个顾客的公司级别的全球排名，以及每个地点的本地排名。既然要分析处理本地市场动态、竞争、库存和任何特定位置的属性，那么位置级别更适用。

- 产品线/品牌水平。当产品组之间的顾客需求和产品属性差异很大时，可以在产品线/品牌级别进行分析。例如，如果90%的收入来自一条产品线，那么在一个产品级别上进行分级可能就没有意义了。如果有四种产品线，每一种都占收入的25%左右，那么在产品层面上分级就可能是一个值得思考的练习。

- 细分市场水平。另一个潜在的聚合水平是细分市场层面，适用于顾客需要时，因此CTS在市场之间差异很大。

- 销售人员水平。一些分销商在销售人员级别执行顾客分级——根据每个销售人员处理的账户运行分层模型，这些结果将与他们的薪酬计划和战略目标挂钩。

聚合水平由两个因素驱动：①如何在组织中定义成本中心；②如何使用顾客分级结果。基于顾客分级的各种应用程序和政策将在第9章中详细说明。

（3）周期性因素。企业可以每月、每季度或每年进行分级分析。通常企业会使用最后12个月的数据进行分析。许多分销商选择进行季度分析，因为有足够的时间为销售和CTS数据提供有意义的变化。还有许多其他独特的情况，即顾客协议每两年或每年更新一次，根据顾客协议对CTS和数据的影响，这些情况可保证有不同的频率。

（4）对顾客的定义。主数据库中出现的许多顾客可能并不是活跃用户。这就需要定义顾客的合格标准，最常见的标准是包括在过去12个月内有交易的顾客。此定义可能会改变，具体取决于行业范围和业务模式。

案例 3 – 8 名称的意义

正如我们所建立的，本书将顾客分级框架的四个象限定义为核心、机会主义、边缘和服务流失。分销商在确定这些象限的名称时会变得非常有创意。例如，一家工业分销商称机会主义顾客为宾客型，边缘顾客为基本类，称其核心顾客为信心顾客。一家电气分销商将边缘顾客重新命名为复杂类，将服务流失顾客重新命名为不易处理类，将机会主义重新命名为偶然类。一家 HVAC 分销商称机会主义顾客为访问类顾客，而另一家分销商则称其核心顾客是它的命脉。

3.2.6 数据要求

接下来，企业必须了解执行分析所需的数据。数据要求可以汇总为三个表：①顾客数据；②产品数据；③交易数据。大多数公司都可以在其数据仓库或 ERP 系统中找到这些数据，这取决于它们的 IT 基础结构。首选三年的数据提取，但一到两年的数据也没有问题。各种数据为：

（1）顾客数据。

- 顾客编号；
- 顾客名称；
- 地理位置编号；
- 地理位置名称；
- 顾客类型（如商业、住宅、工业等）；
- 系统中的顾客创建日期；
- 应付款的天数；
- 报价转换率（转换为最终订单的报价数量与每个顾客的报价总数的比率）；
- 每月平均销售电话（销售人员时间是公司中最昂贵的资源之一，任何引发资源消耗的因素都将加强分析）；

- 按顾客分配的销售费用；

- 其他顾客属性。

（2）产品数据。

- 产品编号（SKU 号）；

- 产品说明；

- 产品线/品牌；

- 计量单位；

- 采购成本；

- 供应商名称；

- 供应商代码；

- 当前产品/库存等级：A、B、C 或 D；

- 其他产品属性。

（3）交易数据。

- 订单号；

- 行号；

- 产品编号；

- 顾客编号；

- 地理位置编号；

- 计量单位；

- 交易合同的类型、常规合同等；

- 年月（YYYYMM）；

- 订单日期；

- 申请日期；

- 发货日期；

- 订单输入模式（联机、传真、电话）；

- 交付方式；

- 产品数量；

- 销售金额；

- 成本金额；

- 毛利率额（销售额减去成本）；

- 发运类型（如直接运输、仓库运输等）；

- 产品退货标志——指示该交易是否来自顾客的产品退货。

此处指出的数据范围将有助于收集执行顾客分级所需的所有相关因素，流程可能根据业务范围、业务模式和业务需求而略有不同。

4　顾客购买力

主要关注：

- 评估顾客的购买力

- 量化顾客的购买力

- 将使用多个因素应用于顾客分级的加权方法

- 根据购买力将顾客评级为 A、B、C 和 D

顾客购买力是企业顾客分级框架中的四大关键排序机制之一，它被定义为顾客展示出的消费和合作水平。大多数分销商都使用基于收入的单维方法来对顾客进行排名，他们将重点放在占收入的 80% 以上的前 20% 的顾客身上。然而，仅凭收入可能无法提供对顾客购买力的全面了解。一种更好的方法是结合以下三个因素来衡量购买力：

（1）顾客消费/支出（企业收入）。这是每个顾客在一段时间内贡献的总收入。这通常会由公司的信息系统进行跟踪。

（2）已购买的产品数。这是每个顾客购买的特定项目/产品的数量，这也是常规跟踪的，但它给企业提供了对顾客活动进一步了解的途径。例如，如果将支出与产品的数量进行比较，一个没有购买多个产品的高消费顾客可能就是企业一个增长的机会。

（3）产品线的渗透率。这是每个顾客所购买的产品线或类别的数量。例如，一个在某条产品线中大量购买许多商品的顾客也可能是其他产品线的很好的候选者。

图 4-1 显示了本书的顾客分级实施层次结构，其中重点关注购买力因素。本章的以下内容解释如何根据这些因素及其组合来分析顾客。

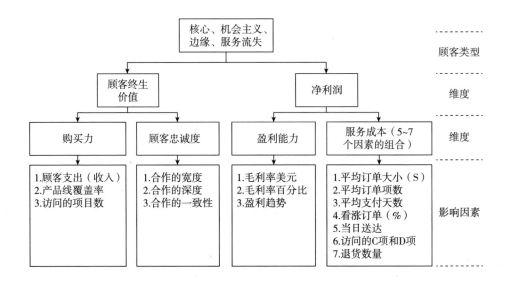

图 4-1　以顾客购买力为重点的顾客分级框架

本书以一个来自某电气分销商的样本数据集来演示购买力排名方法，如表 4-1 所示。这个特定的分销商有数百个顾客，但本书将使用一个代表 15 个顾客的小数据集来理解购买力分级过程。表 4-1 将贯穿本章来解释该分级方法。

表 4-1 的数据为一个区域内约 752 名顾客中的 15 个顾客。数据时间线为 1 年，15 个顾客的总收入为 290 万美元。样例数据的确定和标识如下：

- 第 1 列通过唯一的顾客编号来标识顾客。
- 第 2 列按顾客显示一年的收入。
- 第 3 列表示每个顾客购买的产品数量；该位置包含有 2245 个产品项目。
- 第 4~8 列表示分销商的五种不同产品线（电缆、附件、开关、保险丝和夹具）。如果顾客购买了特定的产品线，则以该产品线下的 X 表示。

表 4 – 1　顾客购买力——某电气分销商 15 个顾客的样本数据

1	2	3	4	5	6	7	8	9	10
顾客编号	收入（1～12 月）（美元）	访问的项目数	分销商库存的五条产品线					购买的产品线数量	购买的产品线覆盖率（%）
			电缆	附件	开关	保险丝	夹具		
A001	90874	72			X		X	2	40
A002	128268	101		X		X		2	40
A003	330404	85	X	X	X	X		4	80
A004	71265	35			X			1	20
A005	51836	65	X		X		X	3	60
A006	233453	40	X		X			2	40
A007	10555	17					X	1	20
A008	235106	123	X	X		X		3	60
A009	253106	48		X	X	X		3	60
A010	149297	25	X	X	X	X	X	5	100
A011	377910	53	X	X	X	X		4	80
A012	122836	92		X		X		2	40
A013	381229	106	X	X	X	X	X	5	100
A014	149448	33	X				X	2	40
A015	320011	69		X	X	X		3	60

● 第 9 列显示每个顾客访问的产品线数量，由第 4～8 列中每个顾客的 Xs 数量表示。

● 第 10 列显示了每个顾客的产品线覆盖率百分比，由所购买的产品线数目和分销商提供的产品线的总数来表示。只需将列 9 除以 5 即可确定产品线覆盖率百分比。

案例 4 – 1　有效利用产品线覆盖率

当分销商与供应商签订独家协议时，产品线覆盖率就变得尤为重要。举一个拥有非常强品牌的分销商的例子：该独家品牌占分销商销售额的近一半，占净利润的 70% 以上。因此，该独家品牌的销售是未来可期的。然而，通过仔细调研发现，购买独家品牌的顾客之所以选择该品牌，很明显是他们更相信该品牌的供应商，而不一定相信提供服务的分销商，因为这些顾客并没有从分销商手中购买其他补充产品，而这些补充产品是来自其他供应商。这暗示了一个机会：如果顾客能够按照分销商的服务价值主张进行购买，分销商就可以通过让顾客接受相关补充产品产生更多的销售量。

4.1　顾客消费/支出（企业收入）

顾客消费/支出是购买力方面的一个关键因素。它代表了每个顾客与分销商的相对消费水平，更高的支出意味着更大的顾客购买力。分销商需要高销售额来弥补固定成本和形成规模经济效应。因此，具有高消费水平的顾客可能是一个非常重要的顾客，即使利润率较低且缺乏忠诚度。

顾客的消费水平可以以多种方式来衡量，而且通常是由在各自行业公认的某个共同的衡量单位所驱动的，如企业收入额。然而在某些行业中，也会应用其他的计量单位来表示支出因素。例如，化学或金属分销商可以根据购买的吨或磅来衡量顾客的购买力，而 HVAC 分销商可以用购买的单位数量作为消费指标。如果分销商选择多个指标来表示支出因素（如收入额和购买量），就可以应用本书所提组合模型来确定最终的支出排名。关键是选择出一个反映分级目标的度量标准。例如，如果额外销售量对规模经济的影响不大，那么收入就好于吨位。另外，使用复杂设备来移动重型货物的企业通常需要以吨为单位，因为充分利用设备不会减少成本。获得较高数量供应商折扣的公司通常会衡量使用量而不是金额。

上述例子中的电气分销商选择了企业收入额作为其支出因素指标，年度收入额将按顾客级别进行汇总。因为来自每个顾客的收入不同，将顾客进行相互比较，并根据他们对收入贡献的百分比分配排名。根据相对收入的贡献，每个顾客将按照 A、B、C 或 D 进行排名。

表 4 - 2 展示了如何根据收入额对顾客进行排名。该方法是客观的，可以在任何 ERP 系统中实现。本书将在本章的其余内容中参照表 4 - 2 来演示该方法。

表 4 - 2　顾客购买力——对 15 个顾客的分析

1	2	3	4	5	6	7	8	9	10
				50%		25%		25%	
顾客编号	收入降序排序（1~12月）（美元）	累计收入额（CR）（%）	累计收入百分比 = CR/总收入(%)	收入排名	已购买的项目数（项）	产品数量排名	产品线渗透（%）	产品线覆盖率排名	最终排名
A013	381229	381229	13	A	106	A	100	A	A
A011	377910	759139	26	A	53	C	80	A	A
A003	330404	1089543	37	A	85	B	80	A	A
A015	320011	1409554	48*	A	69	B	60	B	A
A009	253858	1663412	57	A	48	C	60	B	B
A008	235106	1898518	65	B	123	A	60	B	B
A006	233453	2131971	73	B	40	C	40	C	C
A014	149448	2281419	78	B	33	D	40	C	C
A010	149297	2430716	84	C	25	D	100	A	C
A002	128268	2558984	88	C	101	A	40	C	C
A012	122836	2681820	92	D	92	B	40	C	D
A001	90874	2772694	95	D	72	B	40	C	D
A004	71265	2843959	98	D	35	C	20	D	D
A005	51836	2895795	99	D	65	C	60	B	D
A007	10555	2906350	100	D	17	D	20	D	D
总收入	2906350								

该流程详见以下步骤：

（1）根据收入减少顺序对顾客进行排序（第 2 列）。

（2）确定累计收入额（CR，第 3 列）。例如，来自顾客 A011 的累计收入将是来自 A011 和排序列表中所有以前顾客的收入总和（本例中为 A011 和 A013）。

对于顾客 A006，它将是来自顾客 A013、A011、A003、A015、A009、A008 和 A006 的收入总和。

（3）通过将累计收入额（第 3 列）除以总收入（第 2 列）来计算累计收入百分比（第 4 列）。

（4）在第 5 列中，根据累计收入百分比为每个顾客分配收入排名。占分销商收入前 60% 的顾客将是 A 级顾客，接下来是 20% 的 B 级顾客，以此类推。这些百分比是变量，可以根据企业的环境进行自定义。最常用的标准如下：

- A = 收入的前 60%；
- B = 剩余收入的前 20%；
- C = 剩余 20% 收入的前 10%；
- D = 剩余 10% 收入。

（5）根据收入排名汇总结果（第 5 列）。在顾客总数中，最终判定 A 级 5 个、B 级 3 个、C 级 2 个、D 级 5 个，相当于每个类别分别占到顾客总数的 33%（A）、20%（B）、13%（C）和 33%（D）。

案例 4 - 2　根据收入额对顾客进行排名

某自动化控制分销商将其顾客进行分级排序。一级顾客带来的年收入超过 250000 美元，二级顾客为 100000 ~ 250000 美元，三级顾客为 25000 ~ 99999 美元，四级顾客则低于 25000 美元。根据顾客的级别为顾客提供服务和折扣，当顾客升到高一级时，分销商将为其举行一次顾客感恩活动。不同区域/分支机构的顾客分级定义将根据不同市场的收入潜力而异。分销商的分支机构经理负责在每个区域设置分级定义，有可能做出较为主观的决定。

4.2　已购买的产品数

每个顾客购买的产品数量也显示了购买力。数量越多，顾客对分销商的需求或其价值就越高。这个因素决定了顾客表现出的协作水平以及他们的购买力。在表4-2中，以顾客A009和A013为例，假设两个顾客相似，但A013通过购买广泛的SKU与此电气分销商更多地进行合作（见表4-2第6列）。这表示顾客和分销商之间有更高程度的协同和一致性。它还可以帮助分销商衡量顾客的价格敏感性水平。例如，如果顾客只购买一些产品，可能会立即注意到甚至最轻微的价格变化。事实上，这个顾客可能只根据价格决定是否购买，而服务这一因素可能是其决策中一个不那么重要的参考变量。

表4-2还展示了如何根据所购买的产品项目数量对顾客进行排名。同样，这种方法也是客观的，可以在任何ERP系统中实现。该流程详见以下步骤：

（1）确定每个顾客所购买的项目数量。这些值如表4-1中第3列所示。将这些值转移到表4-2第6列（见表4-1和表4-2）。

（2）计算每个顾客所购买的产品线项目的中值。中值是中间的数字（在已排序的数字列表中），列表中一半的数字会小于它，另一半的数字会大于它。

（3）根据中值设置标准，以确定顾客等级。可根据所访问的项目数量对顾客进行排名，如下：

- A = 大于$1.5 \times$中值；
- B = 大于中值、小于或等于$1.5 \times$中值；
- C = 大于$0.5 \times$中值，且小于或等于中值；
- D = 介于最小值和$0.5 \times$中值之间。

（4）根据项目数量排名汇总结果。

现在将这四个步骤的过程应用到表4-2的数据中。每个顾客购买的项目数量被放在表4-2中的第6列。中值为65，最小值为17。因此，基于中值和最小值［按上述步骤（3）的计算］的标准如下：

（1）A = 大于98；

（2）B = 大于65，且小于或等于98；

（3）C = 大于33，且小于或等于65；

（4）D = 在17和33之间。

根据这些标准，将顾客在表 4-2 中的第 7 列进行排名。在顾客总数中，最终判定 A 级 3 个、B 级 4 个、C 级 5 个、D 级 3 个，相当于每个类别分别占到顾客总数的 20%（A）、27%（B）、33%（C）和 20%（D）。其中，顾客 A008 购买数量最多（123 项），而顾客 A007 购买数量最少（17 项）。

案例 4-3　使用"已购买的产品项目数"

某工业技术产品分销商根据所购买的产品项目数量对其顾客进行分类，这是它用于区分顾客的唯一衡量方法。这一信息每周与销售人员共享。原因是：如果销售团队能够说服顾客购买更多的项目，额外的销售收入将自动随之而来。分销商这一策略非常成功，同时也能够保持良好的库存处理水平。

4.3　产品线覆盖率

产品线覆盖率表示顾客定期购买的产品线数量。由于一条产品线可能有数百个 SKU，一个关键问题是：顾客必须购买的 SKU 最小数量是多少才能表明该产品线是有效的？换句话说，应为已购买的产品线设置最小购买量（已购买的 SKU 的最小数量）是多少才合理？关键的决定因素是产品线的宽度和功能。

例如，如果产品线由较窄范围的 SKU 定义并专注于特定功能，最小购买值将会非常低。在示例中，电气分销商对其所有的产品线都使用了一个非常低的最小购买值。根据该公司的定义，即使顾客从产品线购买单一产品，也被视为顾客购买的有效产品线。例如，在表 4-1 中，顾客 A010 从所有 5 条产品线购买产品，因此产品线覆盖率是 100%。顾客 A004 有 20% 的产品线覆盖率，因为它只访问 5 条产品线中的一条（1/5＝20%）。这个因素不仅突出了顾客的购买力，而且还为销售团队提供了一个有价值的产品线覆盖率工具。销售人员可以根据渗透程度来确定对于不同顾客的服务范围和服务到位程度。

表 4-2 也展示了如何根据产品线覆盖率对顾客进行排名。同样，这种方法也是客观的，可以在任何 ERP 系统中实现。流程如下：

（1）产品线覆盖率通过每个顾客购买的产品线数量除以产品线总数来计算。该值如表 4-1 中的第 10 列所示。

（2）接下来将每个顾客的这些数值转移到表 4-2（如第 8 列所示）。

（3）根据产品线覆盖率对顾客进行排名如下：

- A = 大于 75%；
- B = 大于 50%，且小于或等于 75%；
- C = 大于 25%，且小于或等于 50%；
- D = 小于或等于 25%。

这些百分比标准是变量，可以根据公司的不同进行调整。

（4）本书总结了基于产品线覆盖率等级的结果（表 4-2 中的第 9 列）。在顾客总数中，最终判定 A 级 4 个、B 级 4 个、C 级 5 个、D 级 2 个，相当于每个类别分别占到顾客总数的 27%（A）、27%（B）、33%（C）和 13%（D）。其中，顾客 A013 和 A010 的产品线覆盖率最大，为 100%，而顾客 A004 和 A007 的产品线覆盖率最低，为 20%。

案例 4-4 创建一个 "机会矩阵"

某电子产品分销商根据产品线覆盖率对顾客进行细分。这个因素为销售人员提供了一个机会矩阵，以确定他们应该拜访哪些顾客。基于产品线覆盖率，分销商有三个顾客类别：黄金（大于 75% 的产品线覆盖率）、白银（30% ~74% 的产品线覆盖率）和青铜（小于 30% 的产品线覆盖率）。该分销商有 12 种不同的产品线，销售团队的目标是基于白银和青铜顾客增加的收入和毛利率而设定的。这些目标与销售人员的薪酬直接挂钩。

4.4 最终购买力等级的组合模型

本书使用三个因素评估了购买力维度——顾客消费/支出（企业收入）、已购买的产品数和产品线覆盖率。因此，每个顾客都有三个排名（根据公司情况不同，此评估标准不唯一，也可以选择不全部使用这三个因素。对于顾客分级，没有一个单一的、"正确的"框架）。案例4－4中的某电子产品分销商决定使用这三个因素。在这种情况下，决策过程变得非常具有挑战性，多个排名指向不同的判定方向。

因此，下一个关键问题是：如何结合所有的排名，来确定一个最终的等级代表购买力整体维度？答案是用加权分级矩阵，以确定每个顾客的最终购买力等级。这个矩阵因公司而异，通常是由明确了解公司环境和顾客需求的人，如管理层和其他需求影响者（销售人员、分公司经理等）的设定建立的。顾客购买力的最终排名是基于其销售额、购买产品数量和产品线覆盖率的权重设定不同综合考虑的。最终的顾客排名取决于以下三个因素：

（1）为每个因素设定的权重。这一设定给出了每个因素的重要性。权重可能因环境的不同而不同，但最常用的权重是：收入＝50%；购买项目数量＝25%；产品线覆盖率＝25%。权重如表4－2所示，在第5、第7和第9列上方的百分比值——收入排名、产品数量排名和产品线覆盖率排名。

（2）排名A、B、C和D的相对重要性是要标注的。这类似于学校的分数等级计算，如：A＝40；B＝30；C＝20；D＝10。

（3）最终分数的范围统计。上述权重转换为10～40的比例，得到最佳40分（在所有类别中排名A），最低10分（在所有类别中排名D）。在10～40分范围内的30分被分为四组。示例：A＝32.6～40；B＝25.1～32.5；C＝17.6～25；以及D＝10～17.5。

使用这些参数，公司就可以给定顾客的最终排名。例如，表 4 – 2 中的顾客 A009 根据收入、购买产品数量和产品线覆盖率排名为 A、C、B。因此，该顾客的最终表现评分计算如下：

此顾客的最终得分 = [（50% ×40）+（25% ×20）+（25% ×30）] = 32.5

因此，顾客 A009 的评分在 25.1 ~ 32.5 的范围内，其最终排名为 B（见表 4 – 2 第 10 列）。

4.5 关于分级因素的说明

在确定顾客排名时，分销商可以选择使用这三个因素或仅使用一个因素，如上所述。基于 Texas A&M University 研究团队五年来的各种实际数据，分销商使用这三个因素的各种组合的百分比如下所示：

- 这三个因素都使用 = 24% 的公司；
- 使用两个因素（收入和产品项目数量）= 17% 的公司；
- 使用两个因素（收入和产品线覆盖率）= 22% 的公司；
- 使用两个因素（产品线覆盖率和产品项目数量）= 6% 的公司；
- 仅使用一个因素（收入）= 20% 的公司；
- 仅使用一个因素（产品项目数）= 5% 的公司；
- 仅使用一个因素（产品线覆盖率）= 6% 的公司。

基于 15 个顾客的组合模型的最终购买力等级（见表 4 – 2 第 10 列）也可以汇总为如图 4 – 2 所示。图中分别有 33%、20% 和 27% 的顾客根据三个单一因素排名为 A。采用组合模式时，27% 的顾客最终购买力排名为 A，13%、27% 和 33% 的顾客最终购买力排名分别为 B、C 和 D。因此，本书已经确定了每个顾客的最终购买力等级，这是第 3 章中讨论的顾客分级框架的四个维度之一。

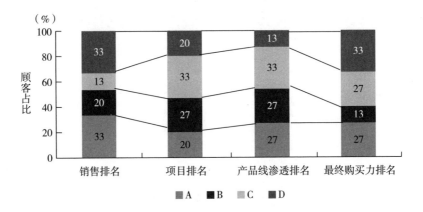

图 4 – 2 顾客购买力结果汇总

注：由于四舍五入，数字可能不等于100%。

5　顾客忠诚度

主要关注：

- 评估顾客的忠诚度
- 量化顾客的忠诚度
- 将使用多个因素应用于顾客分级的加权方法
- 根据顾客忠诚度将顾客列为 A、B、C 和 D

顾客忠诚度是顾客分级的一个重要维度，原因有许多，其中最重要的是：

①忠诚的顾客是企业收入增长的主要来源；②获取新顾客要比保留老顾客昂贵得多。但谁是你的忠实顾客呢？考虑到 SKU 激增和全球市场竞争，当顾客行为和活动比以往任何时候都更加复杂时，如何定义忠诚度？让我们考虑两个顾客 X 和 Y。X 与公司合作 10 年多，而 Y 与公司合作仅 3 年多。X 会比 Y 更忠诚吗？看起来可能是这样的。然而，假设 X 和 Y 都属于同一类型的业务，如果 X 购买了公司总共 5 个产品线中的 3 个，而 Y 购买了所有 5 种产品线，Y 可能看起来更忠诚。

忠诚度也取决于顾客与企业的合作程度。换句话说，无论购买的不同产品线数量如何，顾客的总花费比例是多少？如果 Y 总花费的60%（所有 5 种产品线）支付给本企业，而其他花费比例支付给了竞争对手；X 总花费的100%（3 条产品线）却全部支付给本企业呢？所涉及这些因素的数量使其成为一项具有挑战性的任务。更重要的是，成功的顾客分级不仅需要公平地对待顾客，还必须赢得本公司关键利益相关者的信心。例如，如果企业销售人员对你的顾客分级模式有了误解，对顾客的重要性有任何怀疑，他们就会找到无数个驳回它的理由。销售人员通常认为，冰冷的、数据驱动的顾客估值方法不符合人类的直觉。

批发分销研究产生了获取忠诚度的主观因素（Narayanan，2007；Lawrence，2009）。一个关键因素是顾客与特定分销商开展业务的年限（顾客生命周期）。另一个关键因素是顾客关系。例如，如果销售代表每周拜访顾客，可能表明有的顾客有很高的忠诚度。这些因素往往不够全面，无法真正表示顾客忠诚度，然而本书的顾客分级框架的两个维度——顾客忠诚度和服务成本比其他维度（收入和盈利能力）更难以量化。一个原因是，IT 系统收集的交易数据难以提供大量有用信息来有效量化顾客忠诚度。图 5 – 1 显示了重点关注忠诚度的顾客分级框架。本章的以下内容介绍了如何根据列出的每个因素以及它们的组合来分析企业顾客。

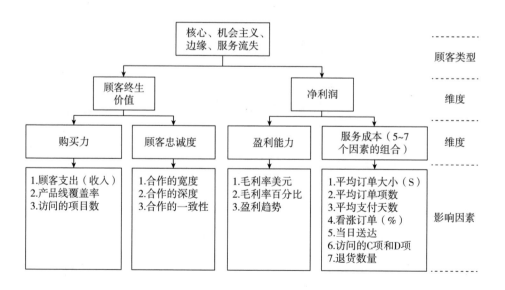

图 5 – 1　重点关注顾客忠诚度的顾客分级框架

5.1 忠诚度因素

基于本书框架中的因素，一个忠诚的顾客应该具备：

（1）购买本企业大部分或所有的产品线和服务；

（2）大部分或全部消费支出都在本企业；

（3）在很长一段时间内一直与本企业合作。

此定义根据合作的宽度、深度和一致性获取顾客忠诚度，这些因素都可以使用多个指标单独测量，主要是由数据可用性、数据可靠性和数据量化能力来主导。每个忠诚度因素描述如图 5-2 所示。

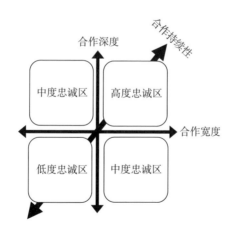

图 5-2 顾客忠诚度的定义

（1）合作宽度。根据产品线、类别或顾客购买 SKU 的数量，可以使用产品线覆盖率进行测量（注：如第 4 章所述，这些指标也可以在购买力下使用。由于顾客忠诚度下的所有指标都很重要，所以最好在购买力因素下使用顾客购买产品线数量和产品项目数量，这样权重就可以分布在三个因素而不是五个因素上。由于分级过程中将顾客忠诚度和顾客购买力放到一组以代表顾客生命周期，因此这两个指标无论是放到忠诚度因素还是放到购买力因素下都是适用的）。

案例 5 – 1　衡量忠诚度

自来水管道分销商根据顾客与其做生意的年限衡量其忠诚度。该分销商的系统记录了顾客创建日期，为首次将顾客联系信息输入该系统时建立。当分销商衡量忠诚度时，管理层发现 80% 的顾客已经在分销商那里合作了超过 15 年——显示出了很高的忠诚度。然而，该公司的销售副总裁无法将资源重新部署给所有80% 的顾客。因此，分销商决定在忠诚度公式中引入另一个因素——顾客每年的最低销售额，这会将高忠诚度的顾客从 80% 降低到 62%。基于这种新的忠诚度分类，公司重新部署了销售工作。

（2）合作深度。顾客在公司的总支出的百分比是衡量这一因素的理想指标。但是，除非顾客共享此信息，否则确定这一信息将非常有难度。销售代表可以根据他们对顾客总业务需求的理解进行估计，但这就变成了一种主观输入。虽然可能找不到确切的支出百分比，但可以通过比较顾客每季度的贡献收入来确定顾客的支出方向。连续两年的收入额的趋势可以反映顾客的增长。此外，在一定时间内，顾客所下的订单总数在一定程度上也代表了合作的深度。

案例 5 – 2　按市场份额来衡量忠诚度

某阀门分销商与东海岸和中西部的细分市场丙烷天然气工厂合作。由于公司的价值主张针对工厂和本地分销商，其销售人员可以确定每个工厂的数量，并根据容量估计每个工厂的阀门需求。这些信息随后被与主要顾客联系在一起，以估计他们的年度价值需求。反过来，这些需求又与销售交易挂钩，以确定每个顾客对分销商的支出百分比。换句话说，分销商能够衡量其市场份额或账户份额。经理们通过两种方式利用了这一发现：①开发基于账户份额的忠诚度分类；②开发基于忠诚度的服务策略。他们每年通过由销售代表在顾客访问期间获得的预防性维护计划来更新信息。

（3）合作持续性。有两种方法可以评估这一指标：

● 订单的持续性。这是顾客基于订单频率和订货时间的订购模式。例如，一个在一个月内下了 100 个订单、在其他月内下了不到 10 个订单的顾客可能不如每月下 30～70 个订单的顾客那样忠诚。前者可能从竞争对手手中购买了大部分需求，此时之所以选择你，只是因为竞争对手库存不足。

● 顾客的生命周期。假设公司记录了顾客最初创建日期，这是顾客与公司做生意的年限，这给一些行业带来了挑战，特别是在建筑材料领域。承包商经常在项目基础上购买，这就导致了项目之间的休眠期，根据公司对新顾客的定义，此休眠期可能被包括或排除在顾客生命周期之外。

为解释顾客忠诚度排名方法，让我们以一个来自自来水管道分销商的示例数据集为例，如表 5 - 1 所示。

表 5 - 1　顾客忠诚度——14 个顾客的样本数据

1	2	3	4	5	6	7	8	9	10	11
顾客编号	订单数（2008 年 1～12 月）	订单数—#按季度的订单数（2008 年）				收入（2007 年 1～12 月）	收入（2008 年 1～12 月）	平均数	标准差	订单一致性 Cov =（标准差/平均）（%）
		第一季度	第二季度	第三季度	第四季度					
B1131	37	5	8	15	9	208025	201023	9.25	4.19	45
B1132	3	1	1	0	1	3181	4221	0.75	0.50	67
B1133	7	1	1	1	4	370	450	1.75	1.50	86
B1134	3	0	1	1	1	4200	7400	0.75	0.50	67
B1135	48	0	16	18	14	239591	421678	12.00	8.16	68
B1136	13	7	2	1	3	215184	167584	3.25	2.63	81
B1137	31	8	8	7	8	122624	242453	7.75	0.50	6
B1138	66	20	17	13	16	338000	390048	16.50	2.89	17
B1139	14	5	2	5	2	14501	18000	3.50	1.73	49
B1140	73	21	17	19	16	445569	317763	18.25	2.22	12
B1141	47	8	16	17	6	79761	100201	11.75	5.56	47
B1142	46	9	12	13	12	328462	468104	11.50	1.73	15

1	2	3	4	5	6	7	8	9	10	11
顾客编号	订单数（2008年1~12月）	订单数—#按季度的订单数（2008年）				收入（2007年1~12月）	收入（2008年1~12月）	平均数	标准差	订单一致性Cov=（标准差/平均）（%）
		第一季度	第二季度	第三季度	第四季度					
B1143	100	31	25	24	20	956881	851807	25.00	4.56	18
B1144	97	15	35	30	17	310917	322483	24.25	9.78	40
	585					3267266	3513215			

表5-1将贯穿本章来解释该分级方法。这个分销商在这个区域有数百个顾客，但本书将使用一个代表14个顾客的小数据集来理解顾客忠诚度分级过程。分销商决定使用以下指标来表示其与业务的相关性和数据可用性（该分销商在这里不包括合作宽度这一指标，而是选择将其放在购买力分析中）：

（1）合作深度。以两年内的销售趋势和订单数量进行评估。

（2）合作一致性。以订单一致性进行评估，以反映顾客随时间推移而变化的订单频率。表5-1提供了该分销商位于北卡罗来纳州约1412个顾客中的14个顾客的数据。数据时间线为一年，收入为两年（2017年、2018年）。两年内，这14个顾客的总收入分别为330万美元和350万美元。2018年，14个顾客的总订单量为585个。表5-1的样本数据定义为：

- 第1列通过唯一的顾客编号来标识顾客。
- 第2列显示顾客在2018年的订单数。
- 第3~6列按季度显示2018年的订单数。
- 第7列显示2017年的收入。
- 第8列显示所计算的顾客2018年的贡献收入。
- 第9列显示顾客每个季度的平均订单数。在表5-1中，顾客B1131和B1144在每个季度分别下了大约9个和24个订单。
- 第10列显示2018年四个季度顾客订单数量的标准差。简单地说，顾客B1131的偏差约为4个订单。一般来说，这可能意味着顾客大约位于5个（9-

4）订单和 13 个（9 + 4）订单之间。显然，标准差越大，数据距均值就越离散。

● 第 11 列显示顾客订单一致性，采用以下公式，使用离散系数（CoV）测量：CoV% = 100 ×（第 10 列/第 9 列）。较低的值表示顾客订单模式中较高的可靠性，本书认为，离散系数较低的顾客比离散系数较高的顾客更忠诚。

5.2 订单数量

订单数量（Hits）是顾客忠诚度维度中的一个关键因素。顾客在一段时间内下的订单数量显示了他们与公司的合作深度，也可以视作它代表了顾客和你接触的频率。订单的数量越多，合作的深度就越深。一年下了 100 个订单的顾客可能比同一年只下 20 个订单的类似顾客更忠诚。这个因素只从忠诚度的角度来考虑订单，而不是基于这些订单的价值。订单值将作为 CTS 的一部分放在第 7 章中探讨。

表 5 - 2 展示了如何根据订单数量对顾客进行排名。与本书迄今为止已经讨论过的其他要素一样，这是一种客观的方法，可以很容易地在任何 ERP 系统中实现。该流程详见以下步骤：

（1）确定每个顾客的订单数量（已下订单）。

（2）计算每个顾客价值的中位数。中值是中间的数字（在已排序的数字列表中），列表中一半的数字会小于它，一半的数字会大于它。

（3）根据中值设置标准，以确定顾客等级。顾客可以根据订单数量进行排名，如下：

● A = 大于 1.5 × 中值；

● B = 大于中值，且小于或等于 1.5 × 中值；

● C = 大于 0.5 × 中值，且小于或等于中值；

● D = 介于 0 到 0.5 × 中值之间。

表5-2 顾客忠诚度——14个顾客的分析数据

1	2	3	4	5	6	7	8	9	10
		35%		35%				30%	
顾客编号	订单 2018年 1~12月（美元）	订单数量排序	订单一致性	订单一致性排序	收入 2017年 1~12月（美元）	收入 2018年 1~12月（美元）	趋势（%）	趋势排序	最终排序
B1131	37	C	45	B	208025	201023	-3	D	C
B1132	3	D	67	C	3181	4221	33	B	C
B1133	7	D	86	D	370	450	22	C	D
B1134	3	D	67	C	4200	7400	76	A	C
B1135	48	B	68	C	239591	421678	76	A	B
B1136	13	D	81	D	215184	167584	-22	D	D
B1137	31	C	6	A	122624	242453	98	A	A
B1138	66	A	17	A	338000	390048	15	C	A
B1139	14	D	49	C	14501	18000	24	B	C
B1140	73	A	12	A	445569	317763	-29	D	B
B1141	47	B	47	C	79761	100201	26	B	B
B1142	46	B	15	A	328462	468104	43	A	A
B1143	100	A	18	A	956881	851807	-11	D	B
B1144	97	A	40	B	310917	322483	4	D	B
	585				3267266	3513215			

（4）根据订单数量排名汇总结果。

现在将这四个步骤过程应用到表5-2的数据中。每个顾客的订单数量都是2018年提供的数据（见表5-2第2列），中值为42。基于中值的标准（使用上述步骤3）的公式如下：

（1）A＝大于63；

（2）B＝大于42，且小于或等于63；

（3）C＝大于21，且小于或等于42；

（4）D＝介于0到21之间。

根据这些因素，在第3列中（见表5-2）记录每个顾客的排名。在顾客总数中，最终判定A级4个、B级3个、C级2个、D级5个，相当于每个类别分别占到顾客总数的29%（A）、21%（B）、14%（C）和36%（D）。

案例5-3　通过发票来衡量忠诚度

某汽车分销商通过发送给顾客的发票数量（而不是顾客下的订单数量）来衡量忠诚度。在此分销商环境中，每个订单都向顾客生成相应的发票，因此是有意义的。同样的系统并不适用于每两周向顾客发送发票的工业分销商。在这种情况下，两周期间的订单将被合并生成一张发票，因此并不能真正代表总订单活动。根据企业的业务环境，发票的数量，而不是订单量，也可以帮助量化顾客的忠诚度。

5.3　订单模式/订单持续性

订单持续性补充了订单数量，且衡量了顾客在一年中订购的方式。此外，它还显示了顾客每季度订单计划的效率。换句话说，它并不是关注顾客联系企业的频率，而是关注他们与企业合作的持久性，从而关注一段时间内合作的一致性。在表5-1中，顾客B1141和B1144在2018年第二季度和第三季度下的订单比第一季度和第四季度要多（见表5-1）。顾客B1134和B1135可能从第二季度开始成为新顾客，因为他们在第一季度没有任何订购量。订单持续性有助于分销商计划和预测销售，并根据新订单分配资源。

持久型顾客帮助分销商有效地计划，也帮助其长期保持盈利。订单持续性使用CoV（离散系数）测量，这是一个标准偏差与平均值的比值。简单而言，它会将顾客订单的变化与顾客购买的平均金额进行比较。例如，一个本周购买10件商品，下周购买20件商品的顾客，比一个本周购买1100件商品、下周购买1120

件商品的顾客要更难以预测。

表 5 - 2 展示了如何根据订单持续性对顾客进行排名。同样,这是一种客观的、可以在任何 ERP 系统中轻松实现的方法。要完成该过程,步骤如下:

(1) 确定每个顾客每季度的订单数(已下订单)。

(2) 根据公式 CoV% = 100 ×(第 10 列/第 9 列)计算离散系数。较低的值表示顾客订单模式中较高的可靠性,离散系数较低的顾客比离散系数较高的顾客更忠诚。

(3) 计算所有有记录顾客离散值的中值(表 5 - 1 中第 11 列)。

(4) 根据中值设置标准,以确定顾客等级。在这种情况下,CoV 的值越低,顾客的订单持续性就越好。根据 CoV 对顾客排名如下:

- A = 介于 0 到 0.5 × 中值之间;
- B = 大于 0.5 × 中值,且小于或等于中值;
- C = 大于中值,且小于或等于 1.5 × 中值;
- D = 大于 1.5 × 中值。

(5) 根据订单持续性排名汇总结果。

现在将这五个步骤的过程应用到表 5 - 1 和表 5 - 2 的数据中。表 5 - 1 中,第 3 ~ 6 列为 2018 年的四个季度的订单量。为每个顾客计算 CoV(表 5 - 1 中的第 11 列),CoV 的中值为 46%。基于中值的标准如下:

- A = 介于 0 和 23% 之间;
- B = 大于 23%,且小于或等于 46%;
- C = 大于 46%,且小于或等于 69%;
- D = 大于 69%。

基于订单持续性的顾客排名在表 5 - 2 中的第 5 列。在 14 个顾客中,最持久的顾客是 B1137,CoV 值最低,为 6%;其次是顾客 B1140,CoV 值为 12%;最短期的顾客是 B1133 和 B1136,CoV 分别为 86% 和 81%。当分析所有顾客时,最终判定 A 级 5 个、B 级 2 个、C 级 5 个、D 级 2 个,相当于每个类别分别占到顾客总数的 36%(A)、14%(B)、36%(C)和 14%(D)。

案例 5 - 4 季节性和订单的持续性

季节性在 HVAC 行业的商业周期中起着重要作用；顾客在某些时期会大量购买，而有些时期却正好相反。订单持续性仍然适用于此环境中，但必须以两种不同的方式进行处理。一种选择是降低订单可持续性的重要性，同时更显著地加权决定顾客最终忠诚度排名的其他因素。另一种选择是修改用于计算持续性的数据集，就像其中一个分销商所做的那样。取代传统的根据四个季度的数据来确定订单持续性，这个特殊的分销商衡量订单数量的时间超过两个半年期，四个数据点变成了两个，结合了季节性，并仍然有效地展示了分销商业务环境中的订单持续性。随着时间的推移，分销商决定加入另一个因素来考量订单持续性——顾客的季度数量排名。如果顾客在所有四个季度都下哪怕一个订单，他们可被排名 A；如果顾客只在四个季度中的三个季度订购，被排名 B；等等。在分销商的 1469个顾客中，基于季度数量因素的衡量结果是：A = 309 个顾客，B = 182 个顾客，C = 306 个顾客，D = 672 个顾客。

5.4 收入增长（发展趋势）

收入增长或趋势显示每位顾客贡献收入额的增加或下降。这将通过考量顾客与企业的支出方向来描述合作的深度。分销商与核心顾客扩大业务，以降低风险并提供可持续性。重视分销商产品和服务的顾客在业务支出上有一个健康的增长趋势，这种增长趋势是获取顾客忠诚度的一个关键因素。仅关注价格的购买者通常会有一个下降的趋势或不稳定的趋势。分销商使用四个关键的财务驱动因素来跟踪公司业绩：资产效率、盈利能力、现金流和收入增长（Lawrence, Gunasekaran and Krishnadevarajan，2009）。增长是跟踪忠诚度和降低风险的关键驱动因素。因此，收入增长通常应用于销售人员薪酬中，因为保持顾客忠诚和不断增长的顾客关系是他们的主要责任。当企业跟踪顾客增长时，将指导销售团队尽力与不够忠诚和机会主义的顾客发展业务，并培养或捍卫高度忠诚的核心顾客。

表5-2还展示了如何根据趋势对顾客进行排名，这是另一种在任何公司的ERP系统中都很容易实现的客观方法。该流程详见以下步骤：

（1）确定顾客连续两年的贡献收入。

（2）使用以下公式，计算收入增长或销售额趋势：趋势百分比=100×[（当前年销售额–上一年销售额)/上一年销售额]。例如，在表5-2中，趋势百分比=100×[（第7列–第6列)/第6列]，该值将为每个顾客进行确定。

（3）计算为每个顾客记录的价值中值。

（4）根据中值设置标准确定顾客等级，可以根据趋势百分比对顾客进行排名：

- A=大于1.5×中值；
- B=大于中值，且小于或等于1.5×中值；
- C=大于0.5×中值，且小于或等于中值；
- D=介于最小值和0.5×中值之间。

（5）根据趋势排名汇总结果。

现在将这五个步骤应用到表5-2中。首先，根据上述步骤二中提出的公式，计算每个顾客的趋势比例（如表5-2中第8列所示）。中值趋势为23%，最小值为-29%。基于中值的标准如下：

（1）A=大于35%；

（2）B=大于23%，且小于或等于35%；

（3）C=大于12%，且小于或等于23%；

（4）D=介于-29%和12%之间。

其次，根据这些因素记录每个顾客的排名（见表5-2中的第9列）。在14个顾客中，最高趋势为98%（顾客B1137），最低趋势为-29%（顾客B1140）。根据收入额趋势，排名A、B、C和D的顾客数量分别为4个、3个、2个和5个，这对应于四类顾客中的29%（A）、21%（B）、14%（C）和36%（D）的顾客。

5.5 最终忠诚度等级的组合模型

本书使用三个因素评估了顾客忠诚度维度——订单数量、订单持续性和收入增长（趋势）。因此，每个顾客现在都有三个排名（注：根据公司情况不同，此评估标准不唯一，也可以选择不全部使用这三个因素。对于顾客分级，没有一个单一的、正确的框架）。案例 5 – 1 中的自来水管道分销商决定使用这三个因素。然而，当有多个分级层次指向不同的方向时，决策过程就变得具有挑战性。在这种情况下，加权分级矩阵可以帮助确定每个顾客的最终忠诚度等级。矩阵因公司而异，通常是由明确了解公司环境和顾客需求的人，如管理层和其他需求影响者（销售人员、分公司经理等）建立的。顾客忠诚度的最终排名是基于订单数量排名、订单持续性和收入增长（趋势）方面的权重设定不同综合考虑的。最终的顾客排名取决于以下三个因素：

（1）为每个因素给出的权重。这一设定给出了每个因素的重要性。权重可能根据环境不同而不同，但最常用的权重是：Hits（合作深度）＝35%；订单持续性（合作一致性）＝35%；收入增长（合作深度）＝30%。权重在表 5 – 2 中显示为第 3 列（订单数量排序）、第 5 列（订单一致性排序）和第 9 列（趋势排序）上方的百分比值。如果公司选择包括额外的因素，权重可以相应地再分配。

（2）排名 A、B、C 和 D 的相对重要性是要进行标注的。这类似于学校的分数等级计算。示例：A＝40，B＝30，C＝20，D＝10。

（3）最终分数的范围统计。上述权重转换为 10～40 的比例，得到最佳 40 分（在所有类别中排名 A），最低 10 分（在所有类别中排名 D）。在 10～40 分范围内的 30 分被分为四组。例如：A＝32.6～40；B＝25.1～32.5；C＝17.6～25；D＝10～17.5。

使用这些参数，公司就可以给定顾客的最终排名。例如，表 5 – 2 中的顾客

B1135 根据订单量、订单一致性和收入增长排名为 B、C 和 A，因此该顾客的最终表现评分计算如下：此顾客的最终得分 = [(35% × 30) + (35% × 20) + (30% × 40)] = 29.5。这个分数在 25.1 ~ 32.5，所以顾客 B1135 的最终排名为 B。

基于所有 14 个顾客的组合模型的最终忠诚度等级（见表 5 - 2 第 10 列）也可以汇总为图 5 - 3 所示。图中分别有 29%、36% 和 29% 的顾客根据三个单一因素排名为 A。采用组合模式时，21% 的顾客最终忠诚度排名为 A。36%、29% 和 14% 的顾客最终忠诚度排名分别获得了 B、C 和 D。因此，本书确定了每个顾客的最终忠诚度排名，这是第 3 章中讨论的顾客分级框架的四大维度之一。

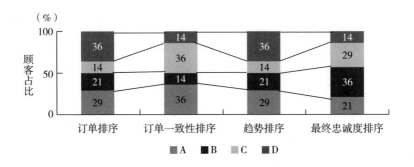

图 5 - 3　顾客忠诚度排序结果汇总

案例 5 - 5　随时可调整的权重

一家户外设备分销商在 2017 年实施了顾客分级制度。每年管理层都审查分级因素，讨论这些因素之间的权重。在 2019 年的会议上，他们决定只使用两个因素——订单数量和订单可持续性，每个因素各占 50% 权重。一年后，他们决定只使用一个因素来衡量顾客忠诚度——订单数量。之所以决定去掉销售趋势和订单持续性，是因为在经济衰退期间，收入下降了 27%，这导致了趋势数据的解释问题。为了这一暂时的变化，高管要确保忠诚度的所有三个因素都包括在公司的 ERP 系统中，并有必要根据需要改变每个因素的权重（如将权重设置为 0，以消除任何给定的因素）。

5.6　关于分级因素的说明

所有忠诚度因素及其相应指标汇总如表 5 – 3 所示。分销商可以选择使用这三个因素或其中的 1~2 个因素来适应他们的业务环境。基于实地调研数据，分销商的通常选择是：

（1）80% 的分销商使用合作深度和合作的持续性下的所有因素。

（2）15% 的分销商使用两个因素：合作深度 = Hits（订单数量）；合作可持续性 = 订单持续性。这种设置受到了近期经济的影响。2019 年至今大多数分销商的收入受疫情影响大幅下降，因此许多人决定排除销售趋势百分比（另一个代表合作因素深度的指标）来计算顾客忠诚度。

（3）5% 的分销商只使用一个因素：合作的深度 = Hits（订单数量）。

表 5 – 3　顾客忠诚度——相应指标汇总

维度	影响因素	指标
忠诚度	协作的广度（如有必要，这些因素可用于"客户购买力"）	访问的产品线数量 访问的项目数
	合作深度	顾客的总支出百分比 收入趋势 Hits（订单数量）
	协作的一致性	订单一致性 客户寿命

6 顾客盈利能力

主要关注：

- 评估顾客的盈利能力
- 量化顾客的盈利能力
- 将使用多个因素应用于顾客分级的加权方法
- 根据顾客的盈利能力，将顾客列为 A、B、C 和 D

　　高销量本身并不意味着一个盈利的顾客，毛利率也起着重要的作用。除了它对盈利能力的直接影响外，毛利率还表明了顾客是否是一个强硬的谈判者。分销商的利润受到顾客定价的压力，在某些情况下，定价环节中并没有适当考虑分销商所提供的外延服务。此外，大多数分销商无法在交易环节中区分出净利润率。因此，应对毛利率进行调整，以使用成本加定价方法实现企业整体净利润率目标。

　　分销商的服务成本（CTS）应在定价中考虑，但很难证明其价值并说服顾客接受该价值。顾客要求以更低的成本提供更高级别的服务，因此证明额外价值更成为一个挑战。此外，顾客也不再愿意补偿分销商的低效率。

　　Texas A&M University 团队在 2005～2010 年对多个行业的 75 家公司进行的分销商调查显示，近年来毛利率仍在持续下降。2015 年，83% 的受访者报告的利润率超过 20%，但 2018 年只有 55% 的受访者达到这一标准，2020 年下降到 43%。公司的平均毛利率一直为 10%～20%。因此，使用组合因素来看待顾客盈利能力非常重要，而不是使用一个因素来衡量顾客盈利能力。顾客盈利能力可以通过以下三个因素衡量：

（1）毛利率额。这是每个顾客在一段时间内产生的毛利率总额。

（2）毛利率百分比。这是按顾客层面的毛利率与销售额的比率计算的。

（3）盈利趋势。这是过去两年毛利率的趋势。注重盈利能力的顾客分级实施层次结构如图6-1所示。

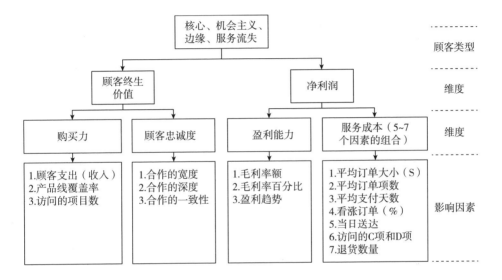

图6-1 重点关注顾客盈利能力的顾客分级实施层次结构框架

让我们考虑一个来自流体电力设备分销商的样本数据集来演示顾客的盈利能力排名方法。样本数据如表6-1所示。

表6-1 顾客盈利能力——12个客户的样本数据

顾客编码	上年毛利率额（2007年1~12月）（美元）	今年毛利率额（2008年1~12月）（美元）	收入（2008年1~12月）（美元）	毛利率额百分比（2008年1~12月）（%）	毛利率额趋势
C3171	123014	133014	400242	33	8
C3172	30789	31789	179108	18	3
C3173	56925	65925	500123	13	16

续表

顾客编码	上年毛利率额 (2007年 1~12月) (美元)	今年毛利率额 (2008年1~12月) (美元)	收入 (2008年1~12月) (美元)	毛利率额百分比 (2008年1~12月) (%)	毛利率额 趋势
C3174	5435	5035	60200	8	-7
C3175	30121	35349	87372	40	17
C3176	58601	48601	197110	25	-17
C3177	135446	165446	456612	36	22
C3178	189164	212953	543214	39	13
C3179	42422	45489	256001	18	7
C3180	12731	13731	65231	21	8
C3181	46329	48419	197456	25	5
C3182	22350	19350	172456	11	-13
	753327	825101	3115125	26	

这个分销商在这个特定区域有数百个顾客，但本书将使用一个代表12个顾客的小数据集来了解顾客盈利能力分级过程。表6-1将贯穿本章来解释该分级方法。

表6-1提供了分销商的一个加利福尼亚州所在地约812个顾客中的12个顾客的数据。数据时间线的销售额为一年（2018年），毛利率为两年（2017年和2018年）。两年来，这12个顾客的毛利润分别为753327美元和825101美元。这12个顾客的总毛利率额占比为26%。样本数据定义如下：

（1）第1列按唯一的顾客编号列出顾客。

（2）第2列显示顾客2017年的毛利率。

（3）第3列显示顾客2018年的毛利率。

（4）第4列显示顾客2018年的销售收入。

（5）第5列显示每个顾客的毛利率额百分比。其计算公式如下：

GM% = 100% × （第3列/第4列）

（6）第6列显示基于毛利率额的盈利趋势。其计算公式如下：

盈利能力趋势 = 100% × （第3列 - 第2列/第2列）

6.1 毛利率额

毛利率可以用来代表每个顾客的相对盈利能力。根据毛利率来确定顾客的盈利能力是批发分销商中的一种常见做法。几乎所有的分销商都首先根据收入额，然后根据毛利率对顾客进行审查，重点关注前 10%～20% 的顾客。表 6 - 2 展示了如何根据毛利率对顾客进行排名。

表 6 - 2 顾客盈利能力——对 12 个客户的分析

1	2	3	4	5	6	7	8	9	10
				40%		40%		20%	
顾客编码	今年降序排序毛利润额趋向（2008 年 1～12 月）	累计毛利率额（美元）	累计毛利率额% = 累计毛利率额/总毛利润额（%）	毛利润额排序	毛利润百分比（%）	毛利润百分比排序	毛利润额（%）	毛利润额趋向排序	最终排序
C3178	189164	189164	25	A	39	A	13	A	A
C3177	135446	324610	43	A	36	A	22	A	A
C3171	123014	447624	59	A	33	B	8	C	B
C3176	58601	506225	67	B	25	B	−17	D	B
C3173	56925	563150	75	B	13	C	16	A	B
C3181	46329	609479	81	C	25	B	5	C	C
C3179	42422	651901	87	C	18	C	7	C	C
C3172	30789	682690	91	D	18	C	3	D	D
C3175	30121	712811	95	D	40	A	17	A	B
C3182	22350	735161	98	D	11	D	−13	D	D
C3180	12731	747892	99	D	21	C	8	C	D
C3174	5435	753327	100	D	8	D	−7	D	D
总计毛利率额	753327								

下面描述顾客盈利能力排名方法。正如在上一章中看到的，这种方法是客观的，可以在任何 ERP 系统中实现。该流程详见以下步骤：

（1）根据毛利润额（GM＄）的递减顺序对顾客进行排序。

（2）确定累计毛利率额（CGM＄）。例如，顾客 C3177 的 CGM＄是来自 C3177 的 GM＄和排序列表中所有以前顾客的总和（在本例中是 C3177 和 C3178）。对于顾客 C3181 而言，它是来自顾客 C3181、C3176、C3173、C3171、C3177 和 C3178 的 GM＄的总和。计算累计毛利率百分比的公式为：GM％ = 单个顾客的 GM＄/总 GM＄。

（3）根据累计 GM％（CGM％）为每个顾客确定毛利率排名。占分销商 GM＄前 60% 的顾客为 A 级顾客，接下来的 20% 为 B 级顾客，以此类推。这些百分比是变量，可以根据公司的环境进行自定义。最常用的标准如下：

- A = GM＄的前 60%；
- B = 接下来 GM＄的 20%；
- C = 再接下来 GM＄的 10%；
- D = 剩余 GM＄的 10%。

（4）根据毛利率排名汇总结果。

根据这个因素，分别有 3 个、2 个、2 个、5 个顾客排名为 A、B、C 和 D，这对应于四类顾客中的 25%（A）、17%（B）、17%（C）和 42%（D）的顾客。

案例 6 –1　利用毛利率来突出销售重点

某压缩和特种气体的分销商使用毛利率为其销售人员制定目标。该公司拥有 3500 多名顾客，其方法是专注于所有每年贡献超过 500 美元毛利率的顾客，根据顾客贡献的毛利率进行分级。例如，毛利率超过 10000 美元的顾客被指定为 1 级，在 5000 美元和 10000 美元之间的顾客被指定为 2 级，以此类推。销售人员也以类似的方式得到了补偿。1 级顾客的销售额占毛利率的 3.5%，2 级顾客的销售额占毛利率的 2.5%，3 级顾客的销售额占毛利率的 1.5%；等等。分级结构也因现有顾客和新顾客而异。这种分级方式有助于集中销售团队的时间和精力，也帮助他们制定了更准确和可实现的销售目标。

6.2 毛利率百分比

仅凭毛利率额并不足以跟踪顾客的盈利能力。然而，分销商通常根据毛利率额来补偿他们的销售队伍，仅仅因为计算净利润非常困难。销售人员通常会提供服务和折扣，以掌握所有顾客的业务（而不仅仅是盈利的业务）。折扣更容易控制，因为它们可以用毛利率来衡量，但服务并不那么容易。然而，折扣通常也会出现问题，从而导致关于某个顾客是否值得享受折扣的争论。例如，销售人员可能会认为，大量的顾客应该享受折扣，因为他们创造了规模经济（也就是说，如果以单位美元衡量，相对于较大的销量，所消耗的服务量微不足道）。然而这存在争议，因为一些大体量的顾客也是高服务的消耗者。

当毛利率额与毛利率百分比相结合时，企业可以更好地了解顾客盈利能力。销售人员薪酬应结合毛利率百分比和顾客利润趋势，以获取实际盈利能力。

表6-2还展示了如何根据毛利率百分比对顾客进行排名。该过程包括以下步骤：

（1）确定过去12个月的毛利率百分比。

（2）计算为每个顾客记录的价值中值。

（3）根据中值设置标准，确定顾客等级。顾客可以根据盈利趋势百分比进行排名：

- A = 大于 1.5 × 中值；
- B = 大于中值，且小于或等于 1.5 × 中值；
- C = 大于 0.5 × 中值，且小于或等于中值；
- D = 介于 0 和 0.5 × 中值之间。

（4）根据毛利率百分比排名汇总结果。

现在将这四个步骤过程应用到表 6 - 1 中最初输入的数据，为每个顾客计算毛利率百分比（见表 6 - 2 第 6 列）。毛利率百分比的中值为 23%。基于中值的标准如下：

（1）A = 大于 35%；

（2）B = 大于 23%，且小于或等于 35%；

（3）C = 大于 12%，且小于或等于 23%；

（4）D = 介于 0% 和 12% 之间。

每个顾客的毛利率百分比排名被记录在第 7 列中（见表 6 - 2）。在 12 个顾客中，顾客 C3175 的毛利率最高，为 40%；毛利率最低的是顾客 C3174，为 8%。在 12 个顾客中，分别有 25%（3 个）、25%（3 个）、33%（4 个）和 17%（2 个）排名 A、B、C 和 D。

案例 6 - 2　结合毛利率额和毛利率百分比，以获得更准确的顾客观点

流动动力设备分销商有一个基于毛利率额的顾客盈利能力排名计划。其关键顾客（KCA = 关键顾客账户）被分配给其顶级销售人员。毛利率额被持续追踪，销售人员仅根据毛利率额进行补偿。该分销商与 Texas A&M University 的研究团队合作，在美国南部进行顾客分级分析。分析在三个月内完成，发现该公司的一些关键顾客（根据管理层和销售人员的说法）原来是服务流失顾客。销售人员无法相信这些分析，并想要知道具体原因。当审核顾客排名时，发现其前三名顾客的收入、毛利率额和毛利率百分比如下：

顾客 1：收入 = 280 万美元，GM $ = 722431 美元，GM% = 26%。

顾客 2：收入 = 170 万美元，GM $ = 484471 美元，GM% = 28%。

顾客 3：收入 = 756173 万美元，GM $ = 70521 美元，GM% = 9%。

很明显，企业对顾客 3 的付出得不偿失：9% 的毛利率是所有 KCA 中最低的毛利率。这个顾客最初可能是一个有利可图的顾客，之后可能由于大量的服务和折扣（分销商为这个顾客储备了一个额外的新产品线），它变成了一个服务流失顾客。当排名为 A、B、C 或 D 时，该顾客根据毛利率排名为 B。然而，当引入毛利率百分比时，这个顾客的毛利率百分比为 D，总体盈利能力等级为 C。这表明，需要加入毛利率百分比来确定顾客的盈利能力。

6.3　盈利能力发展趋势

顾客忠诚度下的收入趋势（第 5 章）抓住了顾客的增长。除了忠诚度之外，考虑盈利趋势还决定了财务方面是否增长：盈利和无利可图。在顾客层面捕捉盈利趋势，为销售人员提供了一个早期迹象，表明他们可能会向错误的顾客提供服务。盈利能力不断下降的趋势可以归因于一些不同的因素：一种是在忠诚度下，销售额的下降；另一种可能是积极的顾客谈判，降低盈利能力，或者由于担心竞争，销售人员过度折扣。无论如何，获取盈利能力的趋势提供了盈利能力下降的迹象预测。

表 6 - 2 也展示了如何根据盈利趋势对顾客进行排名。该过程包括以下五个步骤：

（1）根据连续两年的数据确定顾客 GM $。

（2）使用以下公式计算顾客的盈利趋势：盈利能力趋势百分比 = 100 ×（本年度 GM $ - 前一年 GM $）/（前一年 GM $）。该值将为每个顾客进行确定。

（3）计算为每个顾客记录的价值中值。在 Excel 中，可使用中位数公式。

（4）根据中值设置标准，确定顾客等级。可以根据顾客的盈利趋势百分比进行排名，如下所示：

- A = 大于 1.5 × 中值；
- B = 大于中值，且小于或等于 1.5 × 中值；
- C = 大于 0.5 × 中值，且小于或等于中值；

- D = 介于最小值和 0.5 × 中值之间。

（5）根据盈利能力趋势排名汇总结果。

现在将这个五步骤的过程应用到表 6 - 1 中。根据上述步骤二中的公式计算每个顾客的盈利能力趋势百分比，并记录在表 6 - 2 的第 8 列中。该盈利趋势的中值为 8%，最小值为 - 17%。基于中值（来自上述步骤 4）的标准如下：

（1）A = 大于 12%；

（2）B = 大于 8%，且小于或等于 12%；

（3）C = 大于 4%，且小于或等于 8%；

（4）D = 介于 - 17% 和 4% 之间。

基于此因素的顾客排名记录在表 6 - 2 的第 9 列中。在 12 个顾客中，盈利趋势最高的是顾客 C3177，为 22%。销售趋势最低的是顾客 C3176，该比例为 - 17%。通过此过程，分销商确定这些顾客中有 33%（4 个）、33%（4 个）和 33%（4 个）分别为 A、C 和 D（没有顾客在此因素下排名为 B）。

案例 6 - 3 以新的层次与顾客接触

某工业分销商定义了与顾客的四个接触级别，每个级别都有不同的服务提供、顾客响应能力和销售人员面对面时间。这四个价值主张是：

（1）交委托代理参与，其中分销商主要通过供应商关系在恰当的时间让顾客获得恰当的原材料，因此其发挥的作用最小。

（2）交易性参与，其中分销商将与顾客的关系提升到更高的水平，尽管大多数交易是由定价和极少的技术专业知识驱动的。

（3）咨询参与，分销商扮演解决问题的角色，并应用技术知识来解决顾客的独特困难。这将参与提升到下一个层次，其中合作是一个关键因素——服务被重视，而不仅仅取决于价格。

（4）整合参与，其中分销商作为一站式产品和服务的提供者，将与顾客的关系提升到战略层面。在这种情况下，分销商经常在现场管理顾客的库存，解决技术问题，并提供持续的顾客支持。目标和业务流程在战略层面上进行整合，并在战术层面联合执行。

当分销商进行顾客分级时，这些业务模式表现出不同水平的毛利率（包括毛利率额和毛利率百分比）。咨询参与可能产生高利润率百分比，但不一定是利润额，而委托代理参与可能显示高利润率额和低利润百分比（取决于数量）。销售团队本来预计所有整合参与层面的顾客都属于其核心顾客类别，但由于在盈利能力（和CTS）方面得分较低，所以许多顾客实际上属于不太盈利的类别。

案例6-4　跟踪发展趋势

某电子产品分销商利用趋势跟踪顾客盈利能力，引入服务、合适规模的库存，并保持竞争领先优势。分销商试图掌握各种SKU的产品生命周期——导入阶段、成长阶段、成熟阶段和衰退阶段，但是很难确定产品生命周期过程中特定产品可能对应的阶段。分销商根据需求来确定生命周期，但没有盈利能力这一过程并不完整。因此，分销商决定根据毛利率额跟踪盈利趋势，每次盈利趋势下降时，分销商都明白该产品正在进入其生命周期的下一个阶段。每次发生这种情况时，分销商都会推出一项新的产品和服务以防止毛利率下降，同时也用以防止销售人员因为担心竞争对手会推出类似的产品而打折。通过在盈利趋势下降的每个点对该产品再更新或提供重新包装服务，该分销商保持了竞争领先地位和利润率，并将产品生命周期延长了3~6个月以上。趋势可以是跟踪顾客盈利能力的一个有益的衡量指标。

6.4　最终盈利能力排名的组合模型

本书利用三个因素来评估顾客的盈利能力维度——毛利率额、毛利率百分比和盈利趋势。因此，每个顾客都有三个排名（注：由于公司情况不同，此评估标准不唯一，也可以选择不全部使用这三个因素。对于顾客分级，没有一个单一的、正确的框架)。案例6-2中的流动动力设备分销商决定使用这三个因素,然而,当有多个分级层次指向不同的方向时,决策过程就变得具有挑战性。下一个问题是结合三个排名,共同确定盈利能力维度的最终等级。加权分级矩阵可以确定每个顾客的最终盈利能力等级。该矩阵将因公司而异,并且应根据管理层和其他需求影响者(如销售人员、分公司经理等)的设定而建立。顾客盈利能力的最终排名是基于其在毛利率额、毛利率百分比和盈利趋势方面的权重设定不同综合考虑的。最终的顾客排名取决于以下三个因素:

(1)为每个因素给出的权重。这一设定给出了每个因素的重要性。权重可能根据环境而不同,但最常用的权重是:GM $ =40%;GM% =40%;盈利趋势 =20%(见表6-2第5、第7、第9列)。

(2)排名A、B、C和D的相对重要性是要进行标注的。这类似于学校的分数等级计算。示例:A =40;B =30;C =20;D =10。

(3)最终得分的范围统计。上述权重转换为10~40的比例,得到最佳40分(在所有类别中排名A)、最低10分(在所有类别中排名D)。在10~40分范围内的30分被分为四组。例如:A = 32.6 ~ 40;B = 25.1 ~ 32.5;C = 17.6 ~ 25;D = 10 ~ 17.5。

使用这些参数,公司就可以给定顾客的最终排名。例如,表6-2中的顾客C3173分别根据毛利率额、毛利率百分比和盈利趋势排名为B、C和A。因此,该顾客的最终表现评分计算如下:

此顾客的最终得分 = [(40% ×30) + (40% ×20) + (20% ×40)] = 28

这个分数位于25.1 ~ 32.5,所以顾客C3173的最终排名为B(见表6-2)。

6.5 关于分级因素的说明

分销商可以选择使用这三个因素或只是一个因素，如上所述。基于实地调研数据，分销商的通常选择是：

（1）60%的分销商使用了这三个因素；

（2）30%的公司使用两个因素（毛利率额和毛利率百分比）；

（3）10%的公司只使用一个因素（毛利率额）。

所有顾客的最终盈利能力排名随后被记录在表 6 - 2 的第 10 列中。基于组合模型的最终排名结果如图 6 - 2 所示。例如，25%、25% 和 33% 的顾客根据三个单一因素排名为 A。当采用组合模式时，17% 的顾客最终盈利等级为 A。同样地，33%、17% 和 33% 的顾客分别获得的最终排名为 B、C 和 D。因此，本书已经确定了每个顾客的最终盈利能力排名，这是我们在第三部分中讨论的顾客分级框架的四个维度之一。

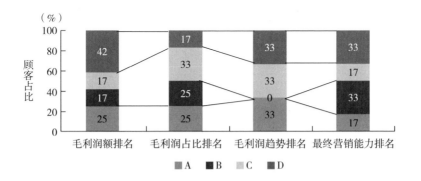

图 6 - 2 顾客盈利能力结果汇总

注：由于四舍五入，数字可能不等于 100%。

7　服务成本（CTS）

主要关注：

- 服务成本（CTS）
- 本书的 CTS 计算方法替代传统的 ABC 成本会计方法
- 量化 CTS
- 采用多因素加权法
- 基于 CTS 为顾客排名 A、B、C、D

    分销商忽视 CTS 而仍然保持盈利的日子已经一去不复返了。CTS 评估是业务增长和可持续发展的必要工具，因为不断发展的顾客需求需要分销商提供新的业务模式（和相关服务）。如果没有对公司的成本结构有适当的了解，就不可能开发一个有吸引力和有利可图的价值主张。商品化和全球化趋势正在推动分销商超越传统的成本加成定价模式。

案例 7-1　为什么要追踪 CTS

    南加州一家批发分销商（Tropic）的运营副总裁每周都要与分公司经理举行例会。两人每周一上午 8 点开会，讨论顾客服务水平、顾客反馈等问题。通常，分公司经理提前 15 分钟到达，但这天已经 8 点 15 分了，仍没有看到他出现在会议室。副总裁试图用手机给经理打电话，但没有成功。

副总裁随后决定去经理办公室，看看是什么原因导致了延误。当他走近办公室时，听到分公司经理正在通过电话向别人道歉，而电话另一端，有人正在大喊大叫。分公司经理挂断电话后，副总裁询问原因。经理说，这个问题主要是由顾客造成的。副总裁问：这个顾客是不是个大买家？是否提供了良好的毛利率？经理摇了摇头，说他们只会努力讨价还价，而且支付天数过长，还退回了很多产品，同时希望所有的订单都能立即交付。副总裁说："你有没有想到我们可能因为这个顾客赔钱？"

对于供应商，分销商必须进行产品包装，以延长产品使用周期。顾客需要更多创造性服务来应对与更长、更复杂供应链相关的挑战。通过创新的服务提供发展业务的机会是巨大的，但在这些复杂的服务下保持盈利需要一种高度自律的方法。CTS 包括 COGS（如库存、运输、产品退货、现场访问、销售人员时间、订单规模、特殊交付要求等）以外的所有活动。本章将演示一种在顾客层面评估 CTS 的方法，并根据 CTS 辅助对每一位顾客进行排名。图 7－1 展示了集中于 CTS 的顾客分级实施结构。

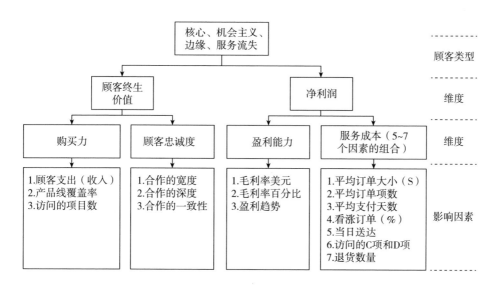

图7－1　重点关注 CTS 的顾客分级框架

7.1 常见做法—良好做法—最佳做法：CTS

绝大多数公司不计算 CTS，而是认为 CTS 已包含在"成本加成利润定价"中。然而，在顾客服务需求变得极端的情况下，公司实际上可能变相为顾客购买的产品买单。该过程无法区分顾客的行为。例如，运输成本受到交付数量、交货优先级和其他特殊要求的极大影响。如果两个顾客对企业的利润相同，他们可能仍然需要根据服务所产生的成本进行定价。简单同等定价将导致顾客支付可能低于企业为服务的支出（Narayanan，2007）。以下表示与计算 CTS 相关的常见做法、良好做法和最佳做法。

7.1.1 常见做法

常见做法包括那些可以在批发分销商运营中广泛看到的流程。企业采用常见做法而不是最佳做法，通常是由于缺乏计算 CTS 的流程框架，即企业并没有计算 CTS 的相关方法。该类别的分销商不考虑 CTS；相反，他们的销售人员使用成本加成定价方法。

案例 7-2 常见做法的实例

某五金器具分销商采用了一种成本加成的定价方法。根据不同的产品类别，将所需的毛利率添加到产品成本中（供应商采购成本）。五金装饰定价能获得 26% 的毛利率、功能器具为 23%。五年前，这种方法效果良好，并保证了分销商的盈利。随着时间的推移，分销商市场的竞争增加了两倍，毛利率下降，顾客要求提供更高的服务水平。由于担心失去顾客，分销商的销售团队很难与顾客沟通（在某些情况下，他们根本没有沟通）。这个问题是由于其对服务于每个顾客的成本以及每个顾客的服务情况缺乏了解。该公司开始评估 CTS，并根据两个关键因素对顾客进行分类：支付天数和运输成本。因此，以顾客为中心的 CTS 因素增强了产品驱动的定价策略。

7.1.2　良好做法

良好做法介于常见做法和最佳做法之间。当公司从常见做法转变为最佳做法时，往往处于一个过渡状态，这时可以判断出其正在使用一种良好的做法，但这个过渡期其实非常关键，成败在此一举。计算 CTS 的一个良好做法是基于单一维度的 CTS 计算，如销售、退货或运输成本等维度。

案例 7 - 3　良好做法的实例

某建筑材料分销商使用每个顾客的运输费用来追踪 CTS。运输费用很容易消耗 30% 或更多的毛利率。大多数建筑材料分销商都拥有自己的车队，这是一项费用高昂的重大投资。该分销商根据顾客层面的毛利率与运输费用的比率对顾客进行 CTS 排名，这个比率被称为车队投资的利润回报率（GMROFI），较高的比例意味着顾客生产了足够的毛利率来支付运输费用。

7.1.3　最佳做法

本书已经记录了基于观察到的行业实践，应用于批发分销研究，以及跨多个行业的成功最佳做法的方法。这些最佳做法已经被信息技术提供商和个别公司证明和采用。CTS 的最佳做法是：

（1）ABC 成本会计法。

（2）使用多标准决策模型的替代方法：付款天数、平均订单大小、交付要求、退货率等。

ABC 方法有可能被关键人员如销售代表认为无效。然而，一些批发分销商采用了这种方法（平均 3~6 年），并成功地将其应用于定价和其他顾客战略关系管理决策（得到销售团队的高度协助与参与）。ABC方法允许企业得到一个精确的CTS，然后可以将毛利率和CTS组合起来建立净利润（NP），据此顾客可以排名为A、B、C或D。其缺点是ABC是时间密集型的，销售人员很难接受，而且由于人员数量和时间，这个过程花费高昂。

替代方法和ABC方法一样有效，并且有更好的接受度，因为它们提供了一种简单、直接的方法，使用易于理解的因素，如支付天数、产品退货、运输需求等。此外，公司经常会从替代方法中获得更高的投资回报率——正是因为它们花费的时间更少，并从销售团队那里得到更好的认可。当销售人员加入时，成功率会更高，结果也会更迅速，平均需要3~6个月的时间来实施代理方法，这取决于公司的规模。

本书所推荐的替代方法是基于CTS为顾客分配一个排名，但不确定CTS的实际现金价值。该方法通过比较顾客来应用相对排名方法，而ABC则使用绝对方法为每个顾客分配特定的成本。本书的替代方法是公司IT系统中现成的和可量化的数据驱动的，可以很容易地执行，以做出改进的定价决策。

案例7-4　使用ABC方法确定CTS

某PVF分销商基于ABC方法进行了顾客盈利能力分析。分销商将毛利率分解为消费支出和净利润费用。消费支出可从公司的财务报表（损益表和资产负债表）中得到，并被分类如下：①对外销售；②对内销售；③运输费用——卡车和司机；④仓库人员；⑤柜台销售；⑥管理成本；⑦采购成本；⑧融资成本（基于每个顾客的应收账款）；⑨固定成本——建筑、叉车等。分销商计算了每个顾客的发票和产品线的数量。每笔费用类别都通过除以该类别的发票区分。

例如，如果订单来自一个内部账户（没有分配给外部销售人员），那么该订单将不会承担任何外部销售费用。费用分析在12个月内滚动进行，并使用商业智能面板和电子表格定期（每月或每季度）提供给销售人员。

案例7-5　使用代理方法确定CTS

案例7-1中的公司Tropic的运营副总裁选择了三个因素来确定CTS——支

付天数、退货率和平均订单金额。根据预设值为每个因素分配 A～D 级。A 表示最好，D 表示最差。所选三个因素的评分标准如下：

（1）支付天数：A = 30 天内，B = 30～60 天，C = 61～75 天，D = 超过 75 天。

（2）退货率（顾客退货的百分比）：A = 小于 5%，B = 5%～9.9%；C = 10%～15%，D = 超过 15%。

（3）平均订单金额：A = 超过 600 美元，B = 400～600 美元，C = 200～399 美元，D 小于 200 美元。

应用量化过程后，副总裁确定，公司分支机构的 2400 名顾客，20% 在 CTS 中排名 A，15% 排名 B，65% 在 C 类和 D 类别组合中。分销商把策略放在 C 类和 D 类顾客身上——减少 CTS 或向更高的服务级别收费。经过销售团队 6 个月的努力，副总裁重新做了分析，发现现在只有 35% 的顾客属于 C 类和 D 类别。该分支机构的毛利率也上涨了 3.5%。

整个过程从开始到结束需要 7 个月（1 个月进行分析，6 个月实现结果），最终毛利率基点增长了 5%。该公司是一家资产 5 亿美元的公司，平均毛利率为 24%。

7.2 ABC 方法与替代方法的对比

虽然 ABC 方法和替代方法都被认为是最佳方法，但在执行因素方面它们有所不同，如时间线、接受程度（变更管理的一部分）、成功的机会、易实现性方面等。现在的关键问题是：如果应用这两种方法，CTS 的结果将如何处置？Texas A&M University 的研究人员为在 CTS 中处于最佳做法水平的分销商开发、比较和验证了替代方法，对来自不同行业和区域的公司进行了比较。其中被分析的最大的一家公司是 PVF/HVAC 分销商，收入近 5 亿美元。这家公司在全国大约有 67 家分店。研究人员为每家公司收集数据，并进行 CTS 分析，并且使用这两种方法将顾客分类为 A、B、C 或 D。基于 ABC 方法和替代方法的每个类别（A、B、C 和 D）的顾客百分比如图 7－2 所示。每个区域的平均顾客数量超过 600 人，团队使用来自 12 个月时间线的数据进行比较分析。

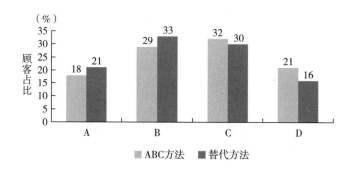

图 7－2　基于 CTS 的顾客排名

注：该图显示，使用 ABC 方法或替代方法，每个类别（A、B、C 和 D）中的顾客百分比非常相似。根据 ABC 方法，共有 47% 的顾客被评为 A 或 B，而使用替代方法的顾客则为 54%。替代方法实际上将更多的顾客转移到 A 级别或 B 级别（这给顾客带来了信任），并且这种方法对销售人员而言比 ABC 方法更容易接受。

通过分析图 7－2 可知，如果整合起来计算的话，对于基于 ABC 方法和基于替代的方法，平均有 47% 和 54% 的顾客分别属于 A 类和 B 类；此外，基于 ABC 方法 CTS 排名为 A 类的有 18% 的顾客，但如果基于替代方法还有 3% 的顾客也被提升为 A 类，因此替代方法展示了一种更宽松的标准（销售人员更钟爱）。B 类也有类似的趋势：另外 4% 的顾客在替代方法中被提升为 B 类。基于替代方法的 C 类和 D 类别中的顾客较少，因为其中许多顾客已迁移到 A 类和 B 类。

直接成本方法由于其为直线分析方法，如 ABC 方法，因此经常会存在一些问题。例如，即使是大客户，ABC 也以线性方式分配一些成本，而实际上，这些成本应该通过规模经济来降低。这可能导致一些大客户错误地被分级为服务流失顾客，这正是许多销售人员和供应商所关注的关键问题。替代方法往往只关注没有规模经济的项目，如未完成销售的天数和销售回报率。从本质上来说，替代方法给顾客提供了信任，并在严格的比较中倾向于支持顾客服务——这是替代方法通常在公司范围内享有更高接受水平的另一个原因。

最佳做法和决策的复杂性在实施任何一种业务分析中都起着关键作用。在权力下放的环境（这是批发分销的典型情况）中，复杂的数学模型往往会遇到销售人员的阻力，而简单的模型和培训相结合在这种环境中效果会更好，因为销售人员和顾客可以更容易地理解这个过程背后的原因，这也意味着更高的投资回报率。同样，复杂的模型更适于在权力较为集中的环境使用，会产生更高的投资回报率。由于大多数分销商都处于松散的环境，简单的解决方案，如基于 CTS 对顾客排名的替代方法将获得最高的投资回报率。

案例 7-6 与顾客共享 CTS 结果

某暖通（HVAC）分销商使用 ABC 方法对顾客进行排名。销售团队通过薪酬激励来减少 CTS，因此，修改后的薪酬计划的推出激发了销售团队很大的热情。然而，6 个月后净利润的改善和 CTS 的减少都不理想，而且在某些情况下是不可能实现的。该公司的销售副总裁召集他的团队会面，以了解对顾客盈利影响不显著的原因。销售团队一致回应说，顾客认为分销商衡量 CTS 的方法太复杂、有偏见、不令人信服。销售团队正在与顾客分享 CTS 结果，试图改变顾客的行为或购买模式，从而提高盈利能力。但每次顾客看到 CTS 组成时，都不愿意接受。该方法对顾客并不透明，销售人员也无法透露太多关于 CTS 计算方法的细节，因为关系到分销商的利润。内部团队相信 CTS 的方法，但他们无法说服顾客相信这是一个"双赢"的主张。

副总裁开始寻找正在使用的 ABC 方法的替代方法对顾客进行排名。该公司的 IT 总监为销售团队创建了一系列报告，并在会见顾客时随身携带。顾客看到支付天数、小订单的数量（小于 50 美元）、运输需求等，是比较容易接受的简单的方法，现在理解了他们的订单模式对分销商的资源的影响。大多数顾客随着时间的推移改变行为，增加订单规模和减少交付的数量，从而减少分销商的运输费用。第二年，分销商的净利润飙升。分销商现在使用 ABC 方法和替代方法的组合。ABC 方法用于内部战略决策，替代方法的结果则被用于外部销售、内部销售、合同和特殊定价协议团队。

7.3 CTS 框架

财务、运营和销售是组成所有 CTS 因素的三个主要资源类别，分销商利用这些关键资源为顾客提供服务。经营情况和销售情况体现在损益表中。财务因素主要体现在资产负债表中，尽管其中也有一些因素会直接影响到损益表。通过与多个行业的分销商合作，本书确定了与顾客分级相关的 CTS 因素。虽然有许多公司特定的因素，但在实施 CTS 测量和顾客分级时，几乎所有的分销商都使用了七个因素，如表 7-1 所示。

表 7-1　CTS 框架和影响因素

编号	类别	影响因素	测量单位	可获得	可量化	可靠性	Common Factor
1	财务	平均支付天数	天	√	√	√	√
2		应收账款	美元	√	√	√	
3		客户的运费/运输成本	美元	√	×		
4		客户特定的库存要求	美元	√	√	×	
5	运营	平均订单大小	美元	√	√	√	√
6		平均产品项目金额	美元	√	√	√	
7		平均订单项数	个	√	√	√	√
8		访问的 C 项和 D 项	百分比	√	√	√	
9		C 项和 D 项目的销售额	百分比	√	√	√	
10		退货（RMAS—退货授权）	个	√	√	√	√
11		销售回报率	百分比	√	√	×	

编号	类别	影响因素	测量单位	可获得	可量化	可靠性	Common Factor
12	运营	报价转换率	百分比	√	×		
13		需要当天交货	百分比	√	√	√	√
14		在线或自助服务订单	百分比	√	√	×	
15		Will – Call Orders	百分比	√	√		√
16		特殊产品包装要求	百分比	√	√	×	
17		订单取消	个	√	√	×	
18		订单错误	个	√	√	×	
19	销售	销售电话数量	个	×			
20		与客户共度的时间	分/时	×			
21		客户销售费用	美元	×			

注: 影响因素可以分为三个类别: 财务、运营和销售。尽管公司在进行 CTS 分析时使用了各种各样的影响因素, 但是几乎所有的分销商都使用了七个常见因素。

表 7 – 1 中显示了 21 个 CTS 因素。在应用 CTS 模型进行顾客分级之前, 分销商应使用三步方法确定每一个因素的使用。

首先, 查看该数据是否可用于特定的 CTS 因素。例如, 在表 7 – 1 中, 销售电话数量这个数据不可用, 因为这些数据通常不会在批发分销商系统中被跟踪, 除非销售人员直接输入它。

其次, 确定这些数据是否可以被量化。例如, 几乎所有的公司都会关注运输费用, 但在大多数情况下, 很难按顾客分配成本 (取决于行业不同)。例如, 在建筑材料行业中可以跟踪运输的数量, 但无法分配费用, 因为在每个运送和交付路线中都交付了不同种类的顾客, 这使数据很难量化, 尽管顾客的货运/运输成本数据如表 7 – 1 所示。然而, 在电子产品和无线产品的分销中, 小型包裹运营商执行运输职能, 使顾客层面的成本可量化。

最后, 要看选择该因素是否可靠并适用于所有顾客, 也要看使用该因素是否有意义。以网上订购量为例, 如果只有 10% 的顾客使用网上订购这一因素, 那就不应把该因素作为 CTS 计算的指标之一, 因为另外 90% 的顾客完全不使用网络订货, 在计算 CTS 时就会处于不利地位。因此, 数据虽然是可用和可量化的,但在这种情况下，数据就不具备可靠性，如表7-1中的在线或自助服务订单。

一旦这些 CTS 因素通过审定，就可以应用于 CTS 模型中进行顾客分级。多年来，许多分销商认为某些因素比其他因素更令人满意。检查表7-1中的21个因素，可以看到其中有18个可用的数据，18个之中又有16个可以量化，在16个里面只有9个是可靠的。

因此，这9个因素完全满足了这三个标准（数据可获得、可量化、可靠性），但其中三个因素在批发分销商行业不常见：应收账款，产品项目总金额，以及C、D产品项目的销量。付款天数是应收账款的不同表达，是分销商在顾客层面努力跟踪的一个因素，因此使用付款天数因素而不是应收账款。平均订单规模也是批发分销商广泛采用的一个因素，因此推荐使用订单大小而不是产品项目多少。同样，分销商适于考察 C 和 D 项目数，而不是来自 C 和 D 项目的销售量。这样共选择了7个因素计算 CTS，这些在分销商中已被广泛应用。这7个因素将在后文中使用来自 HVAC 分销商的数据进行详细讨论。表7-1也列出了其余14个因素的定义。

7.4　关键的 CTS 因素

这七个因素在实际中被批发分销商广泛使用，并被认为是关键的 CTS 因素。行业范围和公司的要求不同，CTS 因素列表可能有所不同，但排名方法均如下所述。这些因素（如表7-1的最后一列所示）将用于构建顾客分级的 CTS 模型：

（1）平均支付天数（天）；

（2）平均订单大小（美元）；

（3）平均订单项数（个）；

（4）访问的 C 项和 D 项（百分比）；

（5）退货（RMAS—退货授权）（个）；

（6）需要当天交货（百分比）；

（7）Will – Call Orders（百分比）。

本书以一个来自 HVAC 分销商的样本数据集为例来演示 CTS 排名方法，如表 7 - 2 所示。

表 7 - 2　CTS——15 个客户的样本数据

顾客编码	平均订单金额大小（美元）	平均订单项	付款天数	预订比例（%）	当日送达（%）	C 项和 D 项（%）	退货数量
D1131	731	9	29	10	20	28	5
D1132	613	1	74	6	82	60	0
D1133	289	5	38	12	63	59	4
D1134	593	6	40	40	54	67	1
D1135	456	7	42	21	32	82	6
D1136	414	8	46	31	43	94	7
D1137	848	3	52	12	53	57	10
D1138	169	1	55	21	80	40	2
D1139	1020	9	37	9	23	63	4
D1140	247	1	27	5	66	62	5
D1141	485	12	89	10	40	23	11
D1142	416	6	25	43	50	31	10
D1143	309	1	49	100	100	100	3
D1144	1100	3	77	100	80	79	5
D1145	772	2	48	0	90	80	0

分销商有数百个顾客，但本书将使用一个代表 15 个顾客的小数据集来了解 CTS 分层过程。表 7 - 2 将贯穿本章来解释该分级方法。

表 7 - 2 提供了来自分销商东北地区约 1218 个顾客中的 15 个顾客的数据，数据时间线为 1 年。样例数据的确定和标识如下：

- 第 1 列通过唯一的数字来标识顾客。

● 第 2 列显示了顾客的平均订单金额大小，是总销售金额与每个顾客的总订单数量的比率。

● 第 3 列表示每次下订单时每个顾客订单的产品线项目数量。

● 第 4 列显示顾客的发票日期和收到顾客付款之间的付款天数。如果同一顾客一年中有多张发票，则该顾客的付款天数取平均值。

● 第 5 列显示使用以下公式计算的预订比例：

预定比例 = 100 × (顾客预订单数量/订单总数)

如果顾客在一年内下了 200 个订单，其中 35 个由顾客预订，其余均为固定订单，通过企业运输给顾客，那么结果将是 100 × (35/200) = 17.5%。

● 第 6 列显示使用以下公式计算的针对每个顾客的当日交货比例：

当日交货比例 = 100 × (当日请求交货数/订单总数)

如果顾客一年内下了 100 个订单，其中 15 个订单需要在当日交付，那么结果将是 100 × (15/100) = 15%。

● 第 7 列显示使用以下公式为每个顾客计算的 C 类和 D 类产品项目的百分比：

C 类和 D 类产品项目比例 = 100 × (购买的 C 项目和 D 项目的数量/购买的产品项目总数)

如果顾客总共购买了 125 件商品，其中 30 件是 C 类或 D 类，则该值将为 100 × (30/125) = 24%。

● 第 8 列显示顾客退回产品和生成退货记录（RMAs）的次数。顾客全年的 RMAs 数用于此因素的计算。

7.4.1 平均订单金额

顾客忠诚度（第 5 章）将订单持续性较好（不论订单金额大小）的顾客列为高度忠诚的顾客。CTS 从不同的角度探讨了同样的因素——通过订单金额大小来掌握顾客订单的价值。例如，顾客可能会通过订单持续性表现出高水平的忠诚度，但如果每个订单的价值不高，比如小于 100 美元，则该顾客提升了 CTS。从处理流程和交付成本的角度来看，订单金额大小都会影响 CTS。显然，频繁的小订单会比那些较不频繁且较大金额的订单产生更高的处理成本。

本书使用以下步骤来通过订单金额大小进行 CTS 判定，所有数据都以电子表格格式记录：

（1）确定顾客最近 12 个月的平均订单金额大小。

（2）计算为每个顾客记录的价值中值。中值是中间的数字（在已排序的数字列表中），正如本书在前一章中所做的那样。

（3）根据中值设置标准，确定顾客等级。可根据平均订单金额大小对顾客进行排名，如下：

- A = 大于 1.5 × 中值；
- B = 大于中值、小于或等于 1.5 × 中值；
- C = 大于 0.5 × 中值，且小于或等于中值；
- D = 介于最小值和 0.5 × 中值之间。

（4）根据平均订单金额大小排名汇总结果。

现在将这四个步骤的过程应用到表 7 - 2 的数据中，这将在表 7 - 3 中展示出来。每个顾客的平均订单金额大小是可获得的（见表 7 - 2 第 2 列），平均订单金额中值为 485 美元，最小值为 169 美元。基于中值的标准如下：

（1）A = 大于 727.50 美元；

（2）B = 大于 485 美元，且小于或等于 727.50 美元；

（3）C = 大于 242.50 美元，且小于或等于 485 美元；

（4）D = 在 169 和 242.50 美元之间。

根据这些标准，将顾客在表 7 - 3 中的第 2 列进行排名。在所有 15 个顾客中，最高的订单金额是顾客 D1144，达到 1100 美元；订单金额最小的顾客是 D1138，为 169 美元（见表 7 - 3 第 2 列）。在顾客总数中，最终判定 A 级 5 个、B 级 2 个、C 级 7 个、D 级 1 个，相当于每个类别分别占到顾客总数的 33%（A）、13%（B）、47%（C）和 7%（D）。

表 7 - 3　CTS——对 15 个顾客的分析

1	2	3	4	5	6	7	8	9
	21%	18%	25%	4%	7%	14%	11%	
顾客编码	平均订单大小排名（美元）	平均订单项排名	支付天数排名	Will Call Rank	当日送达排名（%）	C项和D项排名（%）	退货数量排名	最终排名
D1131	A	A	A	C	A	A	B	A
D1132	B	D	D	D	D	B	A	C
D1133	C	C	B	C	C	B	B	C
D1134	B	B	B	A	B	C	A	B
D1135	C	B	B	A	B	C	C	B
D1136	C	B	C	A	B	D	C	C
D1137	A	D	C	C	B	B	D	C
D1138	D	D	C	A	C	B	A	C
D1139	A	A	B	C	A	C	B	A
D1140	C	D	A	D	C	B	B	B
D1141	C	A	D	C	B	A	C	C
D1142	C	B	A	A	B	A	D	B
D1143	C	D	C	A	D	D	A	C
D1144	A	D	D	A	C	C	B	C
D1145	A	D	C	D	D	C	A	C

案例 7 - 7　发现新的机会

一家汽车零部件分销商注意到，其芝加哥地区的一位顾客每周要下 5~6 个订单。从销售的角度来看这似乎是件好事，因为订单会带来收入。然而，从仓储和运营的角度来看，这是一个挑战，因为分销商的送货卡车每天必须赶往顾客所在地，这影响了分销商的卡车路线和调度过程，并最终影响了企业对其他顾客的交货时间。分销商的运营经理与负责该顾客的销售人员讨论了这个问题。当销售人员下次去拜访顾客时，他发现正是由于该顾客仓库中有限的存储空间才导致顾客频繁地下小订单。销售人员立即确定了向顾客销售服务的机会：提供存储和仓库布局。建议运营和服务团队为顾客提供了高效的存储解决方案，通过服务获得报酬，从而减少了来自顾客的小订单的数量。顾客现在每周下一个订单，这极大地减少了顾客和分销商的 CTS 支出。

7.4.2　平均产品线项目数

当企业的顾客下了大量的订单，但订单金额很小且只要少量的产品项目时，企业付出的 CTS 可能会大幅上升。如果每个订单只有一个产品项目，就会增加订单数量、提货费用、卡车运输和交付费用等。通常，每个订单的产品线项目数量越多，与该顾客的业务效率就越高（企业的 CTS 越低）。

本书使用以下步骤来通过产品线项目数量进行 CTS 判定，所有数据以电子表格格式记录：

（1）确定顾客最近 12 个月内平均产品线项目数。

（2）计算为每个顾客记录的价值中值。

（3）根据中值设置标准，确定顾客等级。可根据平均产品线项目数进行排名，如下：

- A = 大于 1.5 × 中值；
- B = 大于中值、小于或等于 1.5 × 中值；
- C = 大于 0.5 × 中值，且小于或等于中值；
- D = 介于最小值和 0.5 × 中值之间。

（4）根据平均产品线项目数排名汇总结果。

现在将这四个步骤的过程应用到表 7 – 2 的数据中。每个顾客的产品线项目数是可获得的（见表 7 – 2 第 3 列），平均产品线项目数的中值为 5，最小值为 1。基于中值的标准如下：

（1）A = 大于 8；

（2）B = 大于 5，且小于或等于 8；

（3）C = 大于 3，且小于或等于 5；

（4）D = 在 1 和 3 之间。

根据这些标准，将顾客在表 7 – 3 中的第 3 列进行排名。在 15 个顾客中，最高的产品线项目数是顾客 D1141，达到 12 个；产品线项目数最低的顾客有 D1132、D1137、D1138、D1140、D1141、D1143、D1144 和 D1145，仅为 1 个（见表 7 - 3 第 3 列）。在顾客总数中，根据上述公式，最终判定 A 级 3 个、B 级 4 个、C 级 1 个、D 级 7 个，相当于每个类别分别占到顾客总数的 20%（A）、27%（B）、7%（C）和 47%（D）（由于四舍五入，这些比例之和可能超过 100%）。

7.4.3　支付天数

顾客支付购买费用的时间越长，机会成本（资本成本）越高。分销商通常对支付天数并不严格要求，因为担心顾客会产生不满（Narayanan，2007）。减少支付天数会大大影响现金转换周期，并可能带来更积极的现金流。顾客支付的时间越长，从应收账款的角度来看，风险就越高。在经济衰退时期，这是分销商应该监控和努力改进的最重要的 CTS 因素之一。

本书使用以下步骤来通过支付天数进行 CTS 判定，所有数据以电子表格格式记录：

（1）确定顾客最近 12 个月应支付的平均天数。

（2）根据支付天数设置标准，确定顾客等级。此标准直接由公司的财务状况和付款条件决定，可根据顾客支付天数进行排名，如下：

- A = 少于 30 天；
- B = 30 ~ 45 天；
- C = 46 ~ 60 天；
- D = 超过 60 天。

（3）根据支付天数排名汇总结果。

现在将这个三步骤的过程应用到表 7 - 2 的数据中，每个顾客的排名见表 7 - 3 第 4 列。在 15 个顾客中，支付天数最长的顾客是 D1141，为 89 天；支付天数最短的顾客是 D1142，为 25 天。在顾客总数中，有 3 个排名为 A（因为他们付费少于 30 天），4 个排名为 B（30 ~ 45 天支付），5 个排名为 C（46 ~ 60 天付费），

3 个排名为 D（超过 60 天支付），相当于每个类别分别占到顾客总数的 20%（A）、27%（B）、33%（C）和 20%（D）。

案例 7 -8 密切关注支付天数

一家天然气和计量设备分销商放宽了对占其收入前 10% 的顾客的支付条件，将其作为认可这些优质顾客的额外服务。然而，这导致了其大部分应收账款的长期延期，使该公司处于高风险之中。更糟糕的是，疫情影响导致在最近的经济衰退中，分销商的两位顶级顾客倒闭了，使分销商陷入了危机模式。分销商未能积极监控这些顾客的风险水平。随着销售量的下降，分销商花了一年多的时间才恢复收支平衡，现在不得不密切关注支付天数，甚至将其作为公司销售人员薪酬计划的关键组成部分，销售人员负责对顾客的催收。

7.4.4 预订单比例

顾客常会开车到分销商机构或仓库自取产品，而不是等待运送，这在某些行业中尤其常见，如工业和 HVAC/管道行业。这种行为对运输和交付费用有重大影响，特别是对 CTS 有影响。因此，一些分销商认为这非常有帮助，因为它减少了对这些顾客的资源承诺，并可能大大降低 CTS。但管理私人车队的分销商可能一直不太愿意这样做，因为这可能会影响他们的卡车使用率，也很难判断他们的运输资产。

绝大多数分销商会认为预订单是一件好事，所以本书应用这个因素来为顾客排名。如果在某一行业中预订并不是一件有利的事情，只需简单地反转排名即可，如 A 级变成 D 级。

本书使用以下步骤来通过预订比例进行 CTS 判定，所有数据以电子表格格式记录：

（1）确定顾客最近 12 个月的预订单百分比。

（2）计算为每个顾客记录的价值中值。

（3）根据中值设置标准确定顾客等级。可根据预订单比例对顾客进行排名，如下：

- A＝大于1.5×中值；
- B＝大于中值、小于或等于1.5×中值；
- C＝大于0.5×中值，且小于或等于中值；
- D＝介于最小值和0.5×中值之间。

（4）根据预订单比例排名汇总结果。

现在将这四个步骤的过程应用到表7－2的数据中。每个顾客的预订单比例数据是可获得的（见表7－2第5列），预订单比例中值为12%。基于中值的标准如下：

（1）A＝大于18%；

（2）B＝大于12%，且小于或等于18%；

（3）C＝大于6%，且小于或等于12%；

（4）D＝0和6%之间。

根据这些标准，将顾客在表7－3中的第5列进行排名。在15个顾客中，比例最高的是D1143和D1144，达到100%；无预订单的顾客是D1145（见表7－3第5列）。根据上述公式，在顾客总数中，最终判定A级7个、C级5个、D级3个，没有任何顾客的排名为B，相当于每个类别分别占到顾客总数的47%（A）、0%（B）、33%（C）和20%（D）。

7.4.5　当日交货比例

当天交货通常比第二天交货会产生更高的运输和库存成本。如果顾客要求的当日交货比例太高，分销商恐怕无法提供足够的交货时间来计划和完成订单。顾客可能会更倾向于立即拿货，但如果要求当日交货的比例过高，也可能表明顾客所在地的库存计划很差。大多数分销商认为这是一个关键的CTS因素，因为它直接与来自多个资源类别（财务、销售和运营）顾客的成本相关。更多的交付意味着更多的内部销售资源需求、运输成本、库存、订单处理费用和到达时间物流

（日程安排、路线规划和测量）。

本书使用以下步骤来通过当日交货比例进行 CTS 判定，所有数据都以电子表格格式记录：

（1）确定顾客最近 12 个月所要求的当日交货比例。

（2）计算为每个顾客记录的价值中值。

（3）根据中值设置标准，确定顾客等级。可根据当日交货比例对顾客进行排名，如下：

- A = 介于最小值和 0.5×中值之间；
- B = 大于 0.5×中值，且小于或等于中值；
- C = 大于中值、小于或等于 1.5×中值；
- D = 大于 1.5×中值。

（4）根据当日交货比例排名汇总结果。

现在将这四个步骤的过程应用到表 7 - 2 的数据中，每个顾客的当日交货比例是可获得的（见表 7 - 2 第 6 列）。中值为 54%，最低值为 20%。基于中值的标准如下：

（1）A = 介于 20% 和 27% 之间；

（2）B = 大于 27%，且小于或等于 54%；

（3）C = 小于 54%，且小于或等于 81%；

（4）D = 大于 81%。

根据这些标准，将顾客在表 7 - 3 中的第 6 列进行排名。在所有 15 个顾客中，要求当天交付比例最高的顾客是 D1143，为 100%；要求当天交货比例最低的顾客是 D1131，为 20%（见表 7 - 3 第 6 列）。根据上述公式，在顾客总数中，最终判定 A 级 2 个、B 级 6 个、C 级 4 个、D 级 3 个，相当于每个类别分别占到顾客总数的 13%（A）、40%（B）、27%（C）和 20%（D）。

案例 7 - 9　追踪当日交货成本

某分布在全国 16 个区域的工业分销商为其 73% 的顾客提供当天交货服务，

14%提供第二天交货服务，其余提供两天交货服务。因为当天都可以送货，所以大多数顾客每天早上都计划好当天的需要。随着时间的推移，当日交货使分销商的运营成本（CTS）增加了20%。分销商开始慢慢减少当天送货的数量，直到它只服务27%的顾客。它还开始追踪那些要求当日交货的顾客，并以此为依据单独为这些顾客进行产品/服务定价。

7.4.6 购买C和D等级产品项目比例

对于企业而言，要注意很重要的一点：那些购买的产品组合中包含高比例周转快速产品类别（A级和B级）的顾客，其库存承载成本要低于那些购买的产品组合中包含高比例周转缓慢产品类别（C级和D级）的顾客。因此，只购买C级和D级产品的顾客必须被企业识别且合理地定价，特别是当这些顾客作为应用企业周转缓慢产品的主要来源时。

本书使用以下步骤来通过购买C级和D级产品项目比例进行CTS判定，所有数据都以电子表格格式记录：

（1）确定每个顾客在最近12个月内购买的C类和D类产品项目的比例。

（2）计算为每个顾客记录的价值中值。

（3）据中值设置标准，确定顾客等级。可以根据顾客购买C项目和D项目比例进行排名，如下：

- A=最小值和0.5×中值之间；
- B=大于0.5×中值，且小于或等于中值；
- C=大于中值，且小于或等于1.5×中值；
- D=大于1.5×中值。

（4）根据C类和D类产品项目排名汇总结果。

现在将这个四步骤的过程应用到表7-2的数据中，这将在表7-3中展示出来。购买C项目和D项目比例是可获得的（见表7-2第7列）。中值为62%，最小值为23%。基于中值的标准如下：

（1） A = 介于 23% 和 31% 之间；

（2） B = 大于 31%，且小于或等于 62%；

（3） C = 大于 62%，且小于或等于 93%；

（4） D = 大于 93%。

根据这些标准，将顾客在表 7 – 3 中的第 7 列进行排名。在 15 个顾客中，C 项目和 D 项目购买比例最高的顾客是 D1143，为 100%；C 项目和 D 项目购买比例最低的顾客是 D1141，为 23% （见表 7 – 3 第 7 列）。根据上述公式，最终判定 A 级 3 个、B 级 5 个、C 级 5 个、D 级 2 个，相当于每个类别分别占到顾客总数的 20% （A）、33% （B）、33% （C） 和 13% （D）。

7.4.7 退货次数

经常退货的顾客对于企业而言，在处理成本和可能的库存成本方面要付出更多。退货订单不仅会产生大量额外的纸质工作，还消耗了供应链中的资源，因为也会涉及上游供应商。从数据输入的角度来看，这个因素比其他因素需要更多的规则性。分销商必须了解产品退货的原因，如产品项目有缺陷、发运不准确或产品项目需求不足等。如果没有正确记录退货的原因，顾客分级可能会因为错误的原因而不公正对待顾客。

本书使用以下步骤来通过退货次数进行 CTS 判定，所有数据都以电子表格格式记录：

（1） 确定顾客最近 12 个月的退货次数。

（2） 计算为每个顾客记录的价值中值。

（3） 据中值设置标准确定顾客等级。可以根据顾客退货次数进行排名，如下：

- A = 最小值和 0.5 × 中值之间；

- B = 大于 0.5 × 中值，且小于或等于中值；

- C = 大于中值，且小于或等于 1.5 × 中值；

- D = 大于 1.5 × 中值。

（4）根据退货次数汇总结果。

现在将这四个步骤的过程应用到表7－2的数据中，这将在表7－3中展示出来。每个顾客的退货次数是可获得的（见表7－2第8列）。中值为5，最小值为0。基于中值的标准如下：

（1）A＝介于0和3之间；

（2）B＝大于3，且小于或等于5；

（3）C＝大于5，且小于或等于8；

（4）D＝大于8。

根据这些标准，将顾客在表7－3中的第8列进行排名。在15个顾客中，退货次数最高为11，是顾客D1141；顾客D1132和D1145没有退货（见表7－3第8列）。根据上述公式，最终判定A级5个、B级5个、C级2个、D级3个，相当于每个类别分别占到顾客总数的33%（A）、33%（B）、13%（C）和20%（D）（由于四舍五入，这些比例加总之后可能不到100%）。

案例7－10　准确追踪退货情况

某集装箱分销商使用退货记录来追踪顾客的资源消耗。当顾客退回产品时，分销商服务部门的成员会从标准列表中选择一个原因代码，并将其输入计算机系统。该分销商的标准列表中有15个不同的原因代码。服务团队总是选择列表中前三个代码中的一个，以节省浏览整个列表并选择相应代码所需的额外时间。这导致了不正确的退货代码分配和不准确的RMA分析。研究小组审查了所有的代码，最终通过结合最初的15个选项因素得出了3种不同的原因码。简化的过程在追踪RMA和顾客排名方面创造了更高水平的准确性。

7.5　加权CTS因素

本书已经详细讨论了确定CTS等级的7个因素，在整合所有因素之前的一个关键决策是为每个因素分配权重。在前几章中，本书一次只需要对 3 个因素做出决定。但是，超过 5 个以上的因素时，这个过程就会变得具有挑战性，如果有一个模板/矩阵来分配权重会很有帮助。这个过程包括两个步骤：

（1）第一步是按重要性对 7 个因素进行排序，从 1 到 7，其中一个是最重要的。例如，如果企业决定只使用 7 个因素中的 5 个，那么排名将从 1 到 5。为了达到本书的目的，将推荐使用大多数实施顾客分级框架的分销商所使用的较为普遍的排名方法。这些因素从最重要到最不重要，排列如下：

- 排名 1 = 支付天数
- 排名 2 = 平均订单金额
- 排名 3 = 平均产品线项目数
- 排名 4 = 购买 C 和 D 等级产品项目比例
- 排名 5 = 产品退货次数
- 排名 6 = 当日交货比例
- 排名 7 = 预订单比例

（2）第二步如表 7 - 4 所示，使用权重矩阵确定每个因素的相关权重，所有权重的总和必须达到 100%，每个因素的权重都由企业决定使用的因素数量决定。例如，一个分销商决定使用 3 个因素，权重计算为：给每个因素分配一个得分。有 3 个因素，可能的分数将是 1、2 或 3。如果其中的一个 CTS 因素最重要（排名 1），那么它将可能得到最高分 3。在这种情况下，其他因素依据重要程度将分别得到 2 和 1，三个因素的总分为 6 分（ = 3 + 2 + 1）。每个因素的权重均使用以下公式计算：

因素权重（%） = 100 × （单个因素得分/总分）

排名 1 的因素权重 = 100 × （3/6） = 50%

排名 2 的因素权重 = 100 × （2/6） = 33%

排名 3 的因素权重 = 100 × （1/6） = 17%

使用上面提到的常用示例，企业可以分配表 7 - 4 中第 7 列中所示的值。在这种情况下，排名第三的因素权重为 18%，另一个排名第六的因素权重则为 7%

（见表 7-4 第 7 列），与这些权重相关联的因素见表 7-3 的第 2~8 列。权重矩阵简化了为每个因素分配权重的过程，企业完全可以按照该方法使用该矩阵，也可以根据业务模型、价值主张和顾客需求来开发自己的权重。

表 7-4　对 CTS 因素进行排名的权重矩阵　　　　　　单位:%

因素的重要性	因素编码									
	1	2	3	4	5	6	7	8	9	10
1	100	67	50	40	33	29	25	22	20	18
2		33	33	30	27	24	21	19	18	16
3			17	20	20	19	18	17	16	15
4				10	13	14	14	14	13	13
5					7	9	11	11	11	11
6						5	7	8	9	9
7							4	6	7	7
8								3	4	5
9									2	4
10										2
总计	100	100	100	100	100	100	100	100	100	100

7.6　最终 CTS 等级的组合模型

本书使用 7 个因素来评估 CTS 维度。因此，每个顾客都有 7 个排名（注：为了更好地适应不同企业的要求，企业可以选择不使用所有 7 个因素。同样，在顾客分级方面，也不存在单一的、正确的框架，因为所有分销商对其业务的看法都是不同的）。本书中所举案例 HVAC 分销商决定使用所有 7 个常见因素，当有多个分级层次指向不同的方向时，决策过程就变得非常具有挑战性。所以问题出现了：应如何组合所有 7 个排名并确定最终的排名来综合表示 CTS 维度？答案就是本书的加权分级矩阵，如表 7 - 4 所示。矩阵因公司不同而不同，通常是由明确了解公司环境和顾客需求的人，如管理层和其他需求影响者（销售人员、分公司经理等）建立的。最终基于 CTS 的顾客排名是由在权重矩阵中列出的 7 个因素的不同权重决定的。例如，表 7 - 3 中的顾客 D1137 的排名如下：

- 支付天数（25%）＝C；

- 平均订单金额（21%）＝A；

- 平均产品线项目数（18%）＝D；

- C 类和 D 类产品项目购买比例（14%）＝B；

- 产品退货次数（11%）＝D；

- 当日交货比例（7%）＝B；

- 预订单比例（4%）＝C。

最终的顾客排名取决于以下三个因素：

（1）为每个因素给出的权重。这个输入给出了每个因素的重要性。当然，权重可能会因企业环境而不同，但本书将使用表 7 - 4 中第 7 列的权重：支付天数 = 25%；平均订单金额 = 21%；平均产品线项目数 = 18%；C 类和 D 类产品项目购买比例 = 14%；产品退货次数 = 11%；当日交货比例 = 7%，预订单比例 = 4%。

（2）A、B、C 和 D 排名的相对重要性。这类似于学校的分数等级计算。示例：A = 40；B = 30；C = 20；D = 10。

（3）最终分数的范围统计。上述权重转换为 10 ~ 40 的比例，得到最佳 40 分（在所有类别中排名 A），最低 10 分（在所有类别中排名 D）。在 10 ~ 40 分范围内的 30 分被分为四组。例如：A = 32.6 ~ 40；B = 25.1 ~ 32.5；C = 17.6 ~ 25；D = 10 ~ 17.5。

使用这些参数，就可以确定顾客 D1137 的最终评分如下：

该顾客最终得分 = [（25% × 20）+（21% × 40）+（18% × 10）+（14% × 30）+（11% × 10）+（7% × 30）+（4% × 20）] = 23.4

这个分数介于 17.6 和 25 之间，因此顾客 D1137 的最终等级为 C。

如上所述，分销商可以选择使用全部 7 个因素或仅使用 5 个因素。本书根据实际研究情况建议至少选择 5 个因素，而不超过 7 个因素。如果任何因素的权重小于 4%，可以选择放弃它，因为它对最终 CTS 排名的影响微不足道。基于各种真实的案例，本书发现使用 7 个因素组合的分销商比例如下：

（1）使用所有 7 个因素 = 30% 的公司；

（2）使用 6 个因素（除当日交货比例因素）= 55% 的公司；

（3）使用 5 个因素（除预订单比例和退货次数因素）= 10% 的公司；

（4）使用 5 个因素（除退货次数和当日交货比例因素）= 5% 的公司。

基于组合模型的最终 CTS 排名（见表 7 - 3 第 9 列）也可以总结为图 7 - 3 所示。当排名纳入组合模型时，13% 的顾客获得最终 CTS 排名 A，27% 的顾客获得排名 B，60% 的顾客获得排名 C，0% 的顾客排名为 D。因此，本书决定了每位顾客的最终 CTS 排名，这是顾客分级框架工作的四个维度之一。

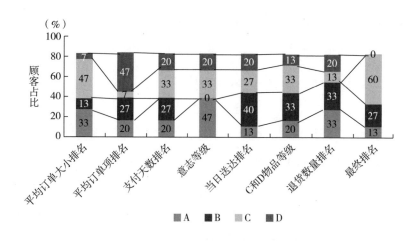

图 7 - 3　CTS 结果汇总

注：由于四舍五入，数字加总可能不等于 100%。

8 整合研究：顾客终生价值与净利润

主要关注：

- 确定顾客终生价值，基于 CLV 为顾客排名

- 确定顾客净利润（NP），基于 NP 为顾客排名

- 对顾客进行分类：核心型、机会主义型、边缘型、服务流失型

- 通过四种顾客分类理解不同的顾客层级——16 种顾客层级

- 总结顾客分级框架

到目前为止，本书已经讨论了顾客分级模型的四大维度和因素，检查了这些因素的量化，并演示了如何基于四种维度单独对顾客进行排名（使用真实数据）。至少可以说，基于四个维度的决策是具有挑战性的。因此，企业应该通过结合四种不同的排名来确定最终的顾客排名。本章演示了如何将四个维度（购买力、忠诚度、盈利能力和 CTS）降低为两个维度（CLV 和 NP），最后确定顾客类型（核心、机会主义、边缘和服务流失），图 8-1 显示了顾客分级层次，重点关注 CLV 和 NP。

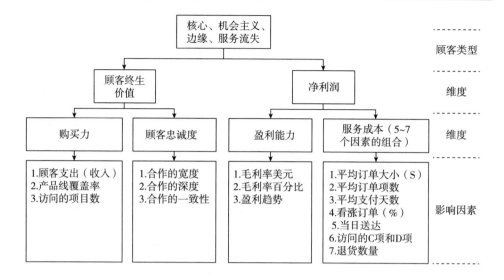

图 8 - 1　基于 CLV 与 NP 的顾客分级框架

注：购买力和顾客忠诚度维度确定"顾客终生价值"，而盈利能力和 CTS 维度确定"净利润"。

8.1　顾客终生价值

　　本书将 CLV 定义为顾客相对于其他顾客在一段时间内对分销商的价值。购买力和顾客忠诚度决定了 CLV，因为购买力反映顾客的价值贡献，而忠诚度限定了该价值（通过检查时间线、购买模式和增长率）。结合顾客的购买力和忠诚度排名将会得到 CLV 排名。本书通过使用来自另一个 HVAC 分销商的示例数据集来演示此方法。样本数据如表 8 - 1 所示。该分销商有数百个顾客，但本书将使用一个代表 20 个顾客的小数据集来了解 CLV 分级过程。表 8 - 1 将贯穿本章来解释该分级方法。

表 8－1　一家暖通空调分销商的 20 个顾客

1	2	3	4	5	6	7	8	9
	50%	50%		50%	50%			
顾客编码	购买力排序	忠诚度（终生）排名	客户终生价值排序	盈利能力排序	服务成本排序	净利润排序	CLV 等级和 NP 等级组合	顾客类型
F0023	A	B	A	B	C	C	AC	服务流失
F0099	A	D	C	C	C	C	CC	边缘
F0123	A	A	A	B	B	B	AB	核心
F0246	A	C	B	D	B	C	BC	服务流失
F0353	A	B	A	B	B	B	AB	核心
F0421	D	D	D	D	B	C	DC	边缘
F0487	C	D	D	A	B	A	DA	机会主义
F0505	C	C	C	C	C	C	CC	边缘
F0574	B	B	B	A	A	A	BA	核心
F0671	D	C	D	C	D	D	DD	边缘
F0690	A	C	B	D	D	C	BC	服务流失
F0711	B	A	A	A	A	A	AA	核心
F0732	D	C	D	C	C	C	DC	边缘
F0880	C	B	C	D	C	D	CD	边缘
F0902	A	C	B	D	D	D	BD	服务流失
F0945	B	C	C	B	B	B	CB	机会主义
F1010	A	D	C	D	D	D	CD	边缘
F1066	B	B	B	B	B	B	BB	核心
F1110	B	D	C	C	C	C	CC	边缘
F1143	B	D	C	B	B	B	CB	机会主义

　　表 8－1 提供了分销商在东北地区约 1143 名顾客中的 20 名顾客的数据。数据时间线为两年的购买力和忠诚度分析，样本数据的定义如下：

　　（1）第 1 列通过唯一的顾客编号来标识顾客。

　　（2）第 2 列根据第 4 章中讨论的三个因素显示了每个顾客的购买力排名。

　　（3）第 3 列根据第 5 章中讨论的三个因素显示每个顾客的忠诚度等级。

（4）第4列通过结合购买力和忠诚度排名来显示每个顾客的 CLV 排名。CLV 等级取决于以下三个因素：

- 为每个因素给出的权重。这一设定给出了每个因素的重要性。权重可能因环境的不同而不同，但在本例中，最常用的权重是：分销商分别使用 50% 来分配给购买力和忠诚度两个因素（见表 8 – 1 第 2、第 3 列）。

- 排名 A、B、C 和 D 的相对重要性是要进行排序的。这类似于学校的分数等级计算。示例：A = 40；B = 30；C = 20；D = 10。

- 最终得分的范围统计。上述权重转换为 10 ~ 40 的比例，得到最佳 40 分（在所有类别中排名 A）、最低 10 分（在所有类别中排名 D）。在 10 ~ 40 分范围内的 30 分被分为四组。例如：A = 32.6 ~ 40；B = 25.1 ~ 32.5；C = 17.6 ~ 25；D = 10 ~ 17.5。

使用这些参数，分销商可以确定每个顾客的 CLV 等级。例如，顾客 F0690 的购买力为 A，忠诚度为 C。最终得分计算如下：

此顾客的最终得分 = $[(50\% \times 40) + (50\% \times 20)] = 30$

这个分数介于 25.1 和 32.5 之间，因此，顾客 F0690 的 CLV 等级为 B（见表 8 – 1）。

企业可以选择分配给这两个因素相同的 50% 的权重作为开始，正如本例中所做的那样，但是权重可以更改以适应企业自身的目标和重点。这样做也将帮助企业更好地理解其中一个因素的权重高于另一个因素带来的影响。

CLV 等级见表 8 – 1 的第 4 列。当所有的单独排名被组合在一起时，4 个顾客的 CLV 排名为 A，5 个为 B，7 个为 C，4 个为 D。

案例 8 – 1 某分销商获取 CLV 值的变化过程

某建筑材料分销商正在实践顾客分级模型，其中设定购买力权重为 60%、忠诚度权重为 40% 来计算最终的 CLV 等级。由于分销商的销售人员会根据收入和顾客购买产品的增加而得到补偿，经理们会将公司的薪酬计划与顾客分级排名方法保持一致。这有助于他们了解销售团队对每个顾客的采购过程的影响。然而，这种做法并不是在一夜之间完成的。起初，经理们在每个维度下使用一个因素——仅用订单数量衡量顾客忠诚度，用顾客收入衡量购买力，权重分别为50%和50%。随着时间推移，也开始考虑其他因素，而购买力和忠诚度的权重分别变为75%和25%。随后，销售副总裁通过了解对整体排名的影响，最终决定权重为60%和40%。

8.2 净利润

接下来，本书将盈利能力和CTS组合起来，以确定NP的排名。本书将使用相同的顾客数据来说明CLV。表8-1中的数据时间线是两年的盈利能力和CTS分析。样本数据定义如下：

（1）第5列根据第6章中讨论的三个因素显示每个顾客的盈利能力等级。

（2）第6列根据第7章中讨论的七个因素显示每个顾客的CTS排名。

（3）第7列通过结合盈利能力和CTS排名来显示每个顾客的NP排名。NP等级取决于以下三个因素：

● 为每个因素给出的权重。这一设定给出了每个因素的重要性。权重可能根据环境的不同而不同，但在本例中，最常用的权重是：分销商分别使用50%来分配给盈利能力和CTS两个因素（见表8-1第5、第6列上方的百分比值）。

● A、B、C和D的相对重要性是要进行排序的。这类似于学校的分数等级计算。示例：A=40；B=30；C=20；D=10。

● 最终得分的范围统计。上述权重转换为10~40的比例，得到最佳40分（在所有类别中排名A）、最低10分（在所有类别中排名D）。10~40分范围内的30分被分为四组。例如：A=32.6~40；B=25.1~32.5；C=17.6~25；D=10~17.5。

使用这些参数，分销商可以确定每个顾客的NP排名。例如，顾客F0690的盈利能力排名为 B，CTS 排名为 D。最终得分计算如下：

此顾客的最终得分 = [（50% × 30）+（50% × 10）] = 20

这个分数在 17.6 ~ 25，所以顾客 F0690 的 NP 等级为 C（见表 8 - 1）。

企业可以选择分配给这两个因素相同的 50% 的权重作为开始，正如本例中所做的那样，但是权重可以更改以适应企业自身的目标和重点。这样做也将帮助企业更好地理解其中一个因素的权重高于另一个因素带来的影响。

NP 等级见表 8 - 1 的第 7 列。当所有的单独排名被组合在一起时，3 个顾客的 NP 排名为 A，5 个为 B，8 个为 C，4 个为 D。

案例 8 - 2 某电力分销商的 NP 排名

某电力分销商实施了顾客分级模型，发现了确定顾客 NP 排名的问题。NP 包括两个因素：顾客盈利能力和 CTS。当经理测试模型的 CTS 方面数据时，发现公司对信息系统跟踪的 CTS 数据不甚合理。他们认为，在 CTS 要求的七个必要因素中，只有三个（支付天数、订单金额和产品项目数量）数据可靠。因此，将顾客盈利能力和 CTS 的权重分别定为 80% 和 20%。随后公司改变了系统，以更准确地获取其他因素。到第二年年底，有了足够的信息来应用一个全面的 CTS 模型（七个因素）。这时，公司将顾客盈利能力和 CTS 的权重分别改变为 50% 和 50%。

8.3 顾客类型

排名矩阵用于根据顾客的 CLV 和 NP 排名来分配最终的顾客类型。顾客可以分别按照 CLV 和 NP 形成的水平轴和垂直轴分别排序为 A、B、C 或 D。本书共提供了 16 个层级（组）的顾客，如图 8 - 2 所示，下文将详细说明。

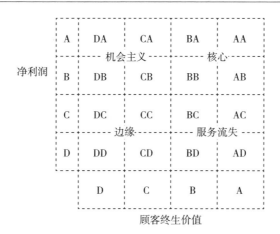

图 8-2 顾客排名矩阵

图 8-2 中的结果总结从战略角度提供了顾客结果在水平轴上从右到左的移动，CIV 的等级从 A 降至 D。在垂直轴上，等级随着 NP 从上到下的移动而减小。在图 8-2 中，AA 顾客，即 CLV 排名和 NP 排名均为 A 的顾客，将成为顶级核心顾客。BB 象限表示所有的底层核心顾客，这同样适用于其他顾客类型。最好的顾客在 AA 核心型象限，不太盈利的顾客将在 DD 边缘型象限。使用排名矩阵，表 8-1 中样本数据中的顾客可以按照四种顾客类型中的其中之一进行划分：

（1）第 8 列将每个顾客对应为图 8-2 中 16 个象限中的一个。

（2）第 9 列将每个顾客分配为四种顾客类型中的其中之一。

因此，在 20 个顾客中，5 个属于核心型，3 个属于机会主义型，8 个属于边缘型，4 个属于服务流失型（见表 8-1 第 9 列）。

现在，本书将分析扩展到分销商全部 1143 个顾客，看看他们如何分为四种类型，如图 8-3 所示，分销商的业务分析团队向其区域销售经理和分支经理提供了最终分类结果，以便使其在每个季度末更好地了解顾客业绩。

8% 的顾客是核心顾客，占该地区收入的 59%，并在一年内通过 47% 的订单产生企业 68% 的毛利。这些顾客的重要性未被夸大——没有他们就无法生存。这个区域大约一半（47%）的订单是由核心顾客下达的，他们占企业毛利率的最大部分份额。核心顾客和机会主义顾客总共约占14%，由此产生了约80%的毛利率和50%的订单。问题是，如果50%的订单为这个地方产生了几乎所有的毛利率——只有14%的顾客——那么目前的销售人员部署是最佳的吗？分类结果为业务决策提供了关键的建议，这将在本书下一部分讨论。

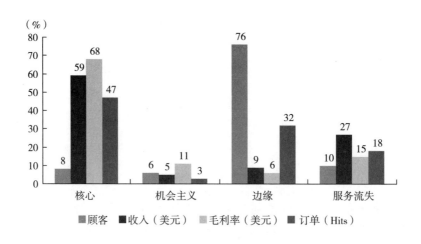

图8-3　分支机构1143名顾客分级结果

8.4　展示顾客分级结果

图8-3中的汇总结果从战略视角为企业提供了一个高水平的概览。要将这些信息转化为销售人员的行动，其结果应以更详细的方式呈现，如图8-4所示。四个象限和16个层级中每层的顾客数量为销售人员提供了更可操作的信息。例如，以91个核心顾客为例，可以看到其中24个为顶级顾客，21个为底层顾客。不同级别中分别有7个、12个、86个、44个和33个顾客正处于成为核心顾客的边界地带，下一个核心顾客很可能来自象限的边界地带。顾客层级的详细报告是

深入了解顾客细节的另一种方式。

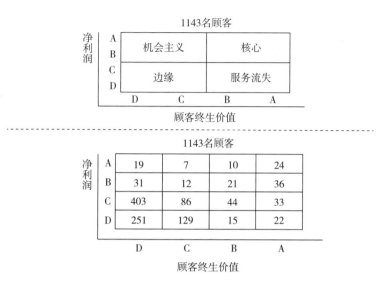

图 8 - 4 1143 名 HVAC 分销商顾客的分级结果的详细细分

8.5 顾客分级框架总结

本章连同前面的第 4 ~ 7 章，涵盖了确定最终顾客类型的许多因素、标准和权重。图 8 - 5 提供了整个分级框架的简要说明，包括各种因素、标准和权重。

图 8 - 5 显示了驱动顾客分级模型的 16 个因素（顾客消费/支出、订单数量、毛利率等）。每个因素有 4 个等级（A、B、C、D），得到 64 个变量（16 个因素 × 4 个等级），可组合确定最终的 CLV 和 NP 排名。当结果组合成最终的 CLV 和 NP 排名时，将会有另外 16 个变量（CLV 的 4 等级 × NP 的 4 等级），顾客分级框架就产生了 80 个（64 + 16）变量。一旦每个因素的权重都包含进去（图

图 8－5　顾客分级框架总结

8-5中所显示百分比），则会有另外20个变量。对100个（80+20）变量进行控制和修改，顾客分级模型将会非常全面，且在任何IT系统中都易于实现。

8.6 将顾客分级与股东价值相关联

将业务流程认定为最佳做法的最重要的标准之一是能够显示其对股东价值的影响。如果没有建立这种联系，一个企业就没有动机去实施所谓的最佳做法。这是由 Texas A&M University 研究团队组成的在2007年开展的优化分销商盈利能力研究联盟的动机之一。该研究根据四个财务驱动因素定义了股东价值，即增长率、盈利能力、资产效率和现金流（Lawrence，Gunasekaran and Krishnadevara-jan，2009），如图8-6所示。这四个驱动因素的信息分别来源于该公司的现金流量表、资产负债表和损益表。

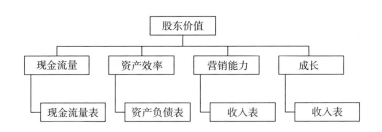

图8-6 股东价值的财务驱动力

案例8-3 实施顾客分级的计划

某自来水管道和暖通（HVAC）分销商多年来一直与 Texas A&M University 研究团队合作，为他们的业务定制顾客分级模式。在两个月的时间里，研究团队访问了该分销商的各种设施，以了解业务。最终的顾客分级模型看起来类似于第3章中讨论的框架。在实施该模型之前，研究团队同时为销售团队和IT团队开办了培训课程。尽管每个人在会议结束时都理解了框架，但到了实施的时候，IT 团队要求遵循一个"计划蓝图"，在公司的 ERP 系统中构建分级模型。这揭示了需要一个顾客分级总结来协助公司进行实施（见图 8-5）。本书已经根据实际情况将总结修改多次，以添加更多细节，帮助用户和读者更好地理解这个过程。

本书的顾客分级框架是基于四个关键维度来定义的：购买力、忠诚度、盈利能力和服务成本（CTS）。每个维度都可以与股东价值的财务驱动因素挂钩。顾客的购买力突出了顾客收入的贡献，这是增长驱动因素的一个关键组成部分。忠诚度通过与顾客合作持续性、宽度和深度方面的收入贡献与增长驱动力一致。顾客盈利能力，顾名思义就是通过确定顾客层面的毛利率因素与盈利能力驱动因素挂钩。考虑到仅毛利率因素还不足，因此本书重点添加了一个关键因素：CTS。CTS 将多个部分组合在一起：资产负债表中的资产效率（例如库存）、现金流量表中的现金流量［例如，销售变现天数（DSO）］，以及损益表中的费用（例如，交付成本）。因此，CTS 与三个财务驱动因素有关：资产效率、现金流量和盈利能力。图 8-7 显示了顾客分级维度与股东价值的财务驱动因素之间的联系。

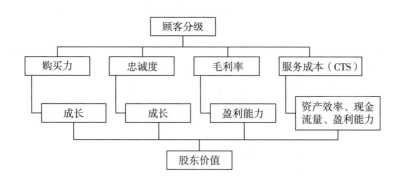

图 8-7 顾客分级维度与股东价值的联系

将顾客分级的做法与股东价值联系起来，可以加倍增强其应用效果。例如，顾客分级结果通常被用于改进销售人员部署，因为它能够帮助销售代表制定业务策略——应该花更多的时间处理哪些顾客、需要每个顾客的什么指标（新产品销售额或 CTS 下降情况）等。根据顾客分级结果将时间集中花费于特定顾客有助于增强顾客关系管理，从而提升盈利能力。一旦从获利和数量上向双方，即整个公司和销售团队展示了这些好处，本书所提供的基于服务成本的顾客分级方法就会从销售团队那里得到更好的认可。将分级最佳做法与股东价值联系起来也有助于量化顾客分级的其他应用，包括定价、库存管理、销售人员薪酬、市场营销等。

9 顾客战略

主要关注：

- 将顾客分级结果应用于企业库存、销售和市场营销资源管理

分销商资源有限且昂贵，因此应进行最佳部署以获得更好的投资回报率。分销商不可能为顾客服务一切，必须优先考虑增值资源，如库存和销售人员。顾客分级通过提供与优化股东价值相关的可衡量的顾客重要性规模，来使分销商实现以上目标。分销商的毛利率由于经常通过常用的成本加成定价方法计算，并未达到最佳。顾客分级结果可以很大程度地帮助分销商定价，因为它反映了基于顾客服务成本的顾客购买力。分销商可以根据顾客类别（核心型、机会主义型、边缘型和服务流失型）制定定制化定价策略，从而有效地管理利润流失。由于每个业务决策都直接或间接涉及顾客，因此有许多方面都可以应用顾客分级结果，如定价优化、销售人员部署和库存管理等，如图 9-1 所示。本章将讨论如何应用分级结果来优化分销商资源。

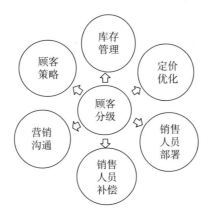

图 9 – 1 顾客分级应用

9.1 库存管理

多年来，库存一直是分销商账簿上最大的资产，因此它得到了大量的关注和最佳做法的实施。在过去的十年中，许多分销商采用了最佳库存实践，如分级方法（类似于顾客分级）。根据某些阈值条件将产品项目类别排序为 A、B、C 或 D。库存分级为每个类别建立适当的服务水平，影响购买决策和库存水平。分级也可以帮助识别存储和非存储项目。库存分级识别出了快速周转、缓慢周转、盈利和无利可图的项目。在库存分级中，最常用的标准是销售量。最佳分级做法会根据销量、周转速度和盈利能力对项目进行综合排序。当分销商识别出 C 和 D 项目时，会努力在它们被市场淘汰之前消除它们。然而，这却引起了销售人员的担忧。由于 C 和 D 项目通常占分销商库存的 35% ~ 40%，销售代表担心顾客服务水平会因为库存减少而受到影响。

如果与顾客分级结合使用，消除缓慢周转的库存将会增加销售人员的认可率，以及分级更高的成功率。连接这两个进程大有好处。例如，核心顾客定期购买的缓慢周转项目就需要得到保护，同时销售人员应该告知这些特定顾客在维持该项目运转时所遇到的相关困难。许多公司将把 C 和 D 的库存减少额度重新分配给 A 和 B。A 和 B 对所有顾客来说都至关重要，但如果核心顾客购买了特定的 C 或 D，它更有可能成为 A 项目。顾客分级可以通过保护对核心顾客很重要的项目和增加对核心顾客和其他有价值顾客最看重项目的补充率来降低风险。表 9－1 说明了识别对核心顾客很重要的缓慢周转项目的过程。

表 9－1　客户分级驱动的库存战略

| | | 顾客类型 | | | | |
项目编码	库存等级	核心	机会主义	边缘	服务流失	采取行动
11213	C					保护物品/与客户交谈
14890	C					从库存中消除项目
12268	C					从库存中消除项目
12025	C					保护物品/与客户交谈
12602	C					从库存中消除项目
14967	D					从库存中消除项目
10966	D					保护物品/与客户交谈
10484	D					从库存中消除项目
13281	D					从库存中消除项目
11611	D					从库存中消除项目

表 9－1 显示了购买周转缓慢、并不盈利产品项目的不同顾客类型。管理层应与销售人员共享此报告，如果核心顾客购买特定 C 或 D 项目，他们可以按照表中最后一列采取行动。顾客分级在库存管理中的应用加速了减少周转缓慢、不太盈利的库存的进度，并将其重新部署到更盈利的类别中（A 和 B），同时确保了顾客服务水平。

案例 9－1　利用顾客分级改进库存管理

某五金零件分销商对其六个区域进行了库存分级，发现总共有39%的库存被捆绑在 C 和 D 项目中。分销商对 C 项目采取行动，需要时才补货（根据需要的状态下达订单），并针对 D 项目进行清算或将其返还给供应商。然而，销售团队开始担心顾客服务会因为该策略而遭受损失，因此他们强烈抵制。这个过程很艰难，四个月后，周转缓慢的库存仍保持在35%。随后，分销商通过顾客分级过程向销售团队展示了哪些顾客正在购买 C 和 D 项目。它帮助销售人员看到这些项目主要是由边缘顾客和服务流失顾客购买，而不是核心顾客。此外，销售人员也了解到那些核心顾客购买的 C 和 D 产品总是在库存中，所以他们对核心顾客服务水平得到保护感到满意。因此，销售代表与采购团队合作，实施顾客分级策略。下个季度，A 和 B 产品的服务水平上升，销售增长，周转缓慢的库存下降至17%。

9.2 定价优化

定价是任何商业环境中最复杂的决策之一，分销也不例外。由于分销商在价值链中的地位，以及日益激烈的竞争和其他业务力量，定价经常成为批发分销环境中最关键的杠杆。分销商多年来一直面临着毛利率的压力。真正的问题是，盈利能力受到顾客价格压力（毛利率上限）和进一步降低成本的能力下降（毛利率下限）的威胁。虽然顾客通常会得到类似的价格，但提供许多高服务水平可能会破坏分销商的净利润率。人们对定价过程往往知之甚少，无法确定顾客是否实际为企业盈利。CTS 分析可以帮助分销商更好地理解这个复杂的决策过程。虽然定价过程涉及许多变量，但顾客分级的作用最大。

定价应由顾客分级结果驱动，而不是由所有顾客的成本加成定价模型驱动。顾客分级模型中的 CTS 维度表明，每个顾客都根据服务顾客的访问权限而不同。忠诚度和盈利能力也是如此。顾客行为的变化强调了需要针对不同类型的顾客采用定制的定价方法。

图 9-2 展示了一个分销商对为不同顾客细分市场定价的商品的简单定价策略。定价原则是没有人能得到比核心顾客更合适的价格。为了确定这些价格，分

销商考虑了任何核心顾客为一个项目支付的最佳价格——这是核心顾客组的最高价格，或 CGMP。分销商将每个顾客组分为细分市场（AA、BA、BB、BB、AB等）。一个特定项目的 CGMP 是 12.14 美元，这是底部（BB）核心顾客的价格。顶级核心顾客（AA）的价格是 11.97 美元，其他核心顾客（BA 和 AB）的价格是 12.07 美元。

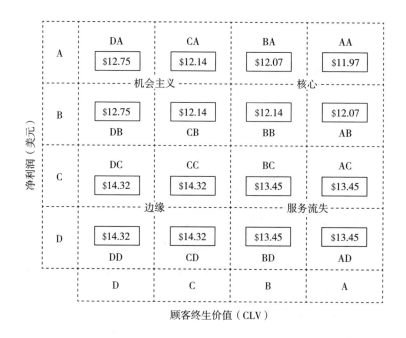

图 9－2　顾客分级驱动的定价策略

图 9－2 中，在机会主义顾客组中，部分 CA 和 CB 都被认为是潜在的核心顾客，因此他们得到的报价与核心顾客 BB——CGMP 的报价相同。该组的其他两个细分顾客的报价为 12.75 美元，这是机会主义组的最高价格，或 OGMP。边缘顾客得到了任何一个顾客支付的这个项目的最高价格——14.32 美元，服务流失的顾客也得到了更高的报价 13.45 美元，但比边缘顾客要好，因为他们的销量更高，而且分销商也熟悉他们的需求。这个价格有助于分销商减去其 CTS，也有助于需要服务流失顾客的关键供应商管理销量。如果增加过多服务流失顾客的报

价，他们可以转向竞争对手，这将影响来自这些顾客的销售量。需记住，核心顾客和服务流失顾客占任何分销商销售额的70%以上。通过最低限度地提高价格，销售人员可以在与这些服务流失顾客谈判时轻松地保护价格。

当库存分级和其他信息，如项目可见性、单位成本和盈利能力水平一起使用时，定价的决策就会得到改进。

案例9-2 利用顾客分级提高定价和利润率

某工业分销商建立了一种定价方法来提高盈利能力。顾客分级是该战略的一个关键组成部分。当向顾客报价时，销售人员会打开屏幕，根据顾客分级、产品项目分级、单位成本、以前利润率和顾客—项目可见性来推荐价格。最后四项数据直接来自系统，销售代表对此很熟悉。关键问题是顾客状态（核心、机会主义、边缘或服务流失）。

销售人员会打开屏幕查看推荐价格，然后检查顾客的状态。尽管系统已经考虑了顾客分级状态，但销售代表需要额外确认核心顾客是否被正确识别。该策略如下：如果销售人员计划要求22%的利润率，而系统推荐28%的利润率，销售人员很可能会折中考虑。在定价环境中，毛利率增加1%通常意味着净利润率增加超过20%。

这个过程运作得比预期更好，毛利率增长了6个百分点（在我们的例子中毛利率从22%上升到28%）。关键的组成部分是顾客分级。销售人员在一开始进行折中降低了毛利率预期，但随着他们收获信心，就会越来越接近系统的建议。

案例9-3 应用顾客分级管理定价

电力分销商根据顾客分级的结果制定了一些简单的定价规则。边缘顾客和服务流失顾客被报价最高。8%的分销商顾客被认为是服务流失顾客，63%是边缘顾客。服务流失顾客与销售团队协商一个更好的价格，但最终支付了分销商报价的价格。销售人员也了解服务流失顾客的质量（高CTS）。最后，分销商没有失去任何服务流失顾客，反而提高了这些顾客产生的盈利能力。当分销商在六个月后重新运行分级时，由于更有效的定价策略，其中一个服务流失顾客已经转移到核心状态。由于这一策略，该公司失去了四个边缘顾客，但由于这些顾客的收入较低，利润为负，最终分销商在净利润方面反而表现得更好。

9.3 销售人员部署

销售人员的时间有限，因此将销售努力分配给不同的顾客是一个关键的决策。销售人员根据他们的目标和对顾客的适应程度做出决定。重要的是，他们会根据可用的信息来优化自己的时间。企业可以通过提供顾客分级信息来提高销售人员做出这些决策的能力。

顾客分级是一个关键的工具，可以提高销售人员的生产力，同时作为帮助识别新核心顾客的路线图。由于通常情况下，不到5%的顾客在分销商的核心细分区，因此销售团队总是在寻找下一个潜在的核心顾客。下一个核心顾客更有可能来自核心区域周围的各个区域，并且主要来自机会主义区域。因此，为了增加核心顾客的数量，而不扩大现有的销售团队，企业必须将销售团队的时间从不太盈利的顾客重新部署到下一个潜在的核心顾客。因此，对许多分销商有效的一个策略是销售人员将分配于服务流失顾客的时间重新部署给机会主义顾客。

这种策略将增加机会主义顾客的收入贡献，但取决于从服务流失顾客那里重新部署的时间，后者可能会有一些收入损失（但不一定是净利润损失）。图9-3显示了机会主义顾客的额外收入将如何对净利润、增长、资产周转率和净资产回报（RONA）产生积极的影响。当此逻辑应用于财务报表时，销售人员可以更好地了解他们需要重新部署多少时间来实现目标净利润和（或）增长。

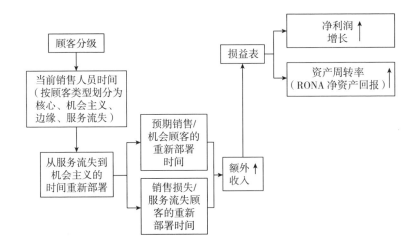

图9-3 顾客分级驱动的销售人员时间重新部署策略

注：将服务时间从服务流失顾客重新部署到机会主义顾客可以对销售、净利润增长、资产周转率和RONA产生积极影响。

资料来源：Lawrence F. Barry, S. Gunasekaran, P. Krishnadevarajan. Optimizing Distributor Profitbility：Best Practices to a Stronger Bottom Line ［M］. Washington D. C. ：NAW Institute for Distribution Excellence, 2009.

案例9-4 利用顾客分级创建更多的核心顾客

某建筑材料分销商有36名外部销售人员。根据顾客分级，销售人员时间从服务流失顾客重新部署到机会主义顾客，这使净利润增加了1.5%，收入增加了4.3%。最初，分销商减少了服务流失顾客1%的时间，但没有经历任何收入损失。从这个保守的开始，他们将顾客的时间缩短为12%，对收入的影响最小。然而，拥有新顾客/机会主义顾客的销售额显著增长。最终，销售团队将六个机会主义顾客转化为核心顾客。

9.4 销售人员薪酬

大多数分销商在补偿销售人员时不考虑顾客毛利率，这就导致了所有的毛利率都是相同的假设。考虑两个销售人员 X 和 Y，每年同样创收 200 万美元。销售人员 X 毛利率的 60% 来自核心顾客，而销售人员 Y 毛利率的 60% 来自服务流失顾客。谁更符合公司的目标？销售人员 X 的净利润明显高于销售人员 Y，因为核心顾客和服务流失顾客的服务成本差异很大。核心顾客的毛利率比非核心顾客的毛利率对公司的整体盈利能力要重要得多。最佳实践分销商通常会根据四种顾客类型产生的毛利率为销售人员提供可变的支付结构。

表 9 - 2 显示了某电力分销商的 10 名销售人员的薪酬数据。前六名销售人员的大部分毛利率来自核心顾客。核心顾客的毛利率最高为 86%，来自销售人员 12703；最低为 11%，来自销售人员 11162。后四名销售人员的毛利率大部分来自服务流失顾客，最高的是 80%（销售人员 11421）。毛利率在销售人员和顾客类型之间的差异如此之大，清楚展现了哪些销售人员明智地花费时间而哪些没有。开发与这些行为相关的薪酬机制将帮助分销商鼓励前六名销售人员继续做他们正在做的事情，并激励其他销售人员开发类似的方法。

表 9 - 2　S 客户分级驱动的销售人员薪酬

分支机构	地区	销售人员编号	毛利率（美元）	核心（%）	机会主义（%）	边缘（%）	服务流失（%）
1	休斯敦	11891	975508	69	3	14	14
1	休斯敦	12946	945061	50	12	36	2
1	休斯敦	13061	940106	75	0	25	0
1	休斯敦	12703	854773	86	0	5	9
1	休斯敦	13280	836379	63	7	15	15

分支机构	地区	销售人员编号	毛利率（美元）	核心（%）	机会主义（%）	边缘（%）	服务流失（%）
1	休斯敦	15645	793670	60	5	20	15
1	休斯敦	11644	602453	20	5	15	60
1	休斯敦	11162	597003	11	3	12	74
1	休斯敦	11421	555098	15	4	1	80
1	休斯敦	13959	467890	35	3	7	55

注：该表显示了某电力分销商根据客户类型（核心、机会主义、边缘、服务流失）对每个销售人员的毛利率进行细分。

案例9-5 利用顾客分级改进薪酬策略

一家电子产品分销商将其顾客分类为绿色、黄色和红色。核心的顾客是绿色的，服务流失的顾客是红色的。薪酬为100%的佣金/可变薪酬。佣金水平是基于从顾客账户中产生的毛利率。不同水平的佣金如下：绿色顾客＝毛利率的2.5%；黄色顾客＝毛利率的20%；红色顾客＝毛利率的1.5%。分销商还根据增长、销售目标、市场类型、区域等提供额外的奖金级别。

9.5 互联网时代的营销沟通

在分销领域，市场营销可以说是一门不发达的科学，分销商严重依赖供应商开发市场营销计划，并依靠销售人员传递信息。分销商有限的营销预算使了解各种媒介的支出很重要，如贸易展览、电子邮件营销等。由于分销商向不同的顾客群体发送不同的信息（价值主张），因此仔细考虑这四种顾客类型是非常有用的。例如，为了加强销售团队的努力，可能需要通过多个媒介渠道向机会主义顾客传递价值主张，如电子邮件、网站、目录、贸易展会、印刷广告和在线广告以及社会媒体。一个简单的营销方法，即通过更便宜的渠道，如在线或印刷目录，可能会更好地为服务流失的顾客工作。顾客分级有助于分销商根据顾客类型明智地分配他们的营销预算，同时实现更高的投资回报率。根据顾客类型开发媒介混合矩阵是这个过程的关键。

一个分销商的营销团队开发了一个由销售管理团队反馈的媒介混合矩阵，如表9－3所示。除了与销售团队面对面外，还将通过电子邮件活动、贸易展览和印刷广告来接触核心顾客（销售团队认为，因为他们经常花大量的时间与所有的核心顾客在一起，所以他们不需要太多的其他媒介方法）。对于机会主义顾客，分销商希望通过所有可用的媒体渠道获得营销信息。边缘顾客只通过公司的网站和打印目录成为目标，以保持为这些顾客服务的成本最低。通过公司网站、目录和在线广告，都可以接触到服务流失的顾客。媒介矩阵为营销部门提供了一种集中的方法，也帮助他们明智地分配营销预算。由顾客分级的结果驱动的市场销售团队的努力，提高了分销商的收入和盈利能力。

表9－3 媒介组合矩阵可以帮助建立由客户分级驱动的营销沟通策略

顾客类型	媒介组合					
	电子邮件活动	微博	目录/产品线牌	贸易展览	广告—印刷	广告—在线和社交媒体
核心	√			√	√	
机会主义	√	√	√	√	√	√
边缘		√	√			
服务流失		√	√			√

9.6 开发顾客战略——SPEED

一旦通过分级过程确定了需要改进的领域，就必须应用处理每个特定顾客组的策略。一个良好的经验法则是SPEED，其定义如下：

（1）扩展（S）。与核心顾客一起增加现有的业务。差距分析可以帮助识别渗透机会。差距分析将查看顾客当前有没有从企业那里购买什么，并帮助识别与现有顾客的新机会。这可以在产品类别级别（顾客只购买提供的七条产品线中的三条）、地理级别（同一顾客在休斯敦和达拉斯购买产品，但不能在奥斯汀和圣安东尼奥购买）等级别上完成。

销售人员必须了解他们能做些什么才能从现有的核心顾客那里获得更多的业务。大多数情况下，这将为核心顾客提供专门的额外资源，但它应该符合两个标准：①顾客是否重视和利用额外的资源？②从长远来看，额外服务是否会将该核心顾客转换为服务流失顾客？

（2）保护（P）。顶级的核心顾客应该得到保护，并提供较高的服务水平。定制的忠诚度计划是加强人际关系的一种方式。

（3）检查（E）。应该进一步研究某些服务流失顾客和边缘顾客，以了解为什么他们是高服务成本顾客。销售代表可以尝试修改他们的行为，使这些顾客变为盈利，但他们属于这个领域是有原因的。重新评估现有的业务关系。一些潜在的行动包括：

- 提高价格，尤其是在周转缓慢、不太盈利的项目上；
- 通过创造性的沟通来说服顾客使用CTS；
- 通过转向廉价的销售渠道（如在线或目录）来减少CTS；
- 通过收取重新进货、退货等额外费用来减少CTS。

检查顾客的整体盈利能力与个别产品线水平的盈利能力可以进一步提升机会主义顾客。例如，如果顾客大量购买了一条产品线项目，但总体上符合服务流失顾客类别，企业可能需要与供应商讨论一些基于数量和CTS的潜在目标折扣。在这种情况下，顾客对供应商来说比分销商更重要。

激励这些顾客，以改善其状态，而不对净利润产生负面影响。

（4）消除（E）。一些边缘顾客和服务流失顾客属于这一类。他们只以价格和意愿购买所有的服务。分销商通常了解这些顾客，而且对他们报价很高，以使他们实现对企业盈利或完全清除它们。

（5）开发（D）。机会主义顾客正处于成为核心顾客的边缘。销售人员应该花更多的时间与顾客在一起，以了解为什么他们不购买更多（机会主义），并设计机制，在边缘和服务流失的情况下降低 CTS。

销售人员可能需要与这些顾客建立更好的追踪和跟进系统（如销售通道或顾客关系管理计划），以更好地了解他们的动机或兴趣。销售代表可以在满足公司收入和盈利能力目标的同时，相应地自定义价值主张。

图 9-4 中展示了 SPEED 策略。精益原则指出，为了消除浪费和最佳地使用资源，企业应该花更多的时间在顾客增值（CVA）活动上，而不是业务增值（BVA）和非业务增值（NVA）活动上。基于精益逻辑，可以将良好的业务（扩展、保护）称为"企业想做的业务"（CVA），重要但利润较低（检查、开发）的顾客关系可以被称为"企业必须做的业务"（BVA），没有潜力的（消除）的无利可图的业务是"企业不想做的业务"（NVA）。

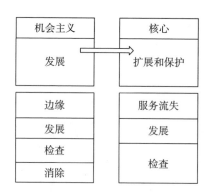

图 9-4　将顾客分级结果应用于目标顾客群的 SPEED 策略

注：SPEED 策略意味着根据客户的状态与客户"扩展、保护、检查、消除和/或发展"业务。

资料来源：Narayanan A., B. Rao, F. B. Lawrence, et al. Customer Stratification: Understanding Customer Profitiblility [M]. Production and Operations Management, 18th Annual Conference, 2007.

10 真实案例的实践过程

主要关注:

● 了解可进行顾客分级分析的实施因素

● 了解不同行业的分销商如何实施顾客分级框架,并将其结果应用于第9章中所述的各种策略中

"法律的执行比制定法律更重要"。——托马斯·杰斐逊(彼得森,1984)。他的话同样适用于批发分销的最佳实践。本章将讨论当企业真正需要时,每个顾客分级实施因素的作用、相关挑战,以及如何部署资源等。最佳实践的实施有四个关键因素,即人员、流程、技术和指标,如图10-1所示。分销商必须深入了解每一个要素,才能成功地执行每一个最佳实践,并最终实现成功的顾客分级过程。

图 10-1 顾客分级的实施因素

10.1 人员

人员是任何实施过程中所涉及的关键资源。学习要素（劳动力教育）和变革管理的需要是本主题下的两个重要领域。图 10 - 2 显示了劳动力教育（学习与成长）对公司整体愿景和战略的重要性。从长远来看，学习和成长在执行过程改进（以最佳实践的形式）中发挥着重要作用。

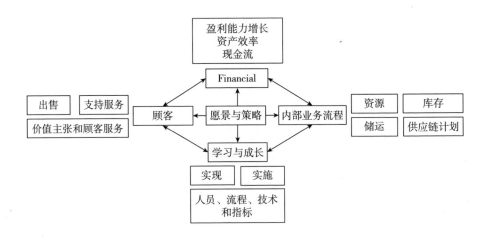

图 10 - 2 Kaplan 和 Norton 的平衡计分卡（适用于 7S 流程）

资料来源：Kaplan R. S. , D. P. Norton. Using the Balanced Scored as a Strategic Management System ［J］. Harvard Business Review, 2007 (7/8)：75 - 85.

最佳做法的操作通常会失败。在大多数情况下，主要的罪魁祸首是培训，因为该公司很可能会投资于必要的资源来正确地构建解决方案，但只会培训一些操作人员。而销售人员在运营变化方面，培训通常很少甚至没有。这是因为公司认为他们不会是该解决方案的"超级用户"，并认为这样做成本太高。这是一种目光短浅的方法。如果不聘用销售人员，顾客关系就无法维持。如果因此无法获得顾客，这个过程最终可能就会失败。

案例 10-1 顾客分级实施：一个警示故事

某专注于输电与维护、维修和运营（MRO）的工业分销商想要了解顾客分级在定价优化中的应用。该分销商首先对其三个最佳区域进行了试点分析。最高管理人员将项目职责分配给公司的一名高级销售经理和一名跨职能专家（IT 和财务）。两人与 Texas A&M University 的研究团队合作，以识别 CTS 因素和其他相关信息，在四个月内完成了试点分析。销售经理审查了这些结果，并帮助他的团队理解了该方法。销售人员对其中一些结果感到惊讶，并理解其他结果（如服务消耗顾客的识别）。销售团队讨论了利用销售团队重新部署和公司价值主张的许多方法。然后，团队向管理层展示结果（团队有相当数量的支持），以确定下一个步骤。管理层了解项目的好处和潜在价值，但仍决定推迟实施，因为公司面临 ERP 转型挑战，IT 资源稀缺。

结果，该项目失去了势头，最重要的是，难以获得的销售人员被收购。18 个月后，分销商重新启动了这个项目，但在重新投入资源以重复试点分析时遇到了挑战。在项目启动会议上，新的销售团队解释了顾客分级实施在最近的经济衰退中如何帮助保留顾客与应对周转缓慢的库存。由于之前这个机会显然被错过了，这次分销商急于推动此事。

平衡计分卡通过愿景和战略连接流程。所有 7S 最佳实践都可以连接到顾客（如销售）或内部业务流程（资源、存储等）上。计分卡建议他们应该与公司的财务联系起来。学习与成长模块是推动者。如果员工没有得到适当的发展，很难在这些领域正确地实施最佳实践，甚至不能证明这些行动是合理的。

管理变革（见图 10-2，学习与成长）是最佳实践实施的关键组成部分。学习让人们有了实现一个新过程的能力，学习和承担变革的意愿对执行该过程至关重要。管理变革是一种将个人、团队和组织从当前状态过渡到预期未来状态的结构化方法。尽管存在各种模式，但挑战在于了解自己组织的文化及其要求。

当教育本企业的员工如何实施最佳实践时，要为他们提供工具和知识。此外，鼓励一种建立和维持流程的文化，就提供了不断提高股东价值的动力。在成功实施顾客分级过程中发挥作用的关键人员是外部销售人员、顾客服务人员、销售经理/总监、区域销售副总裁、分公司或区域经理、信息技术人员、管理团队。这些成员必须理解顾客分级框架的基础知识、顾客分级研究的应用、与股东价值和顾客服务的联系，以及要使用的工具和如何应用学习方法。

常见的管理变更挑战是：必要的新学习（害怕未知知识）、学习意愿（态度）、学习能力（才能/资格/潜力）、接受的准备（购买或动机），以及对薪酬的影响（绩效评估）。可以通过使用以下方法的组合来克服每个挑战：

（1）力求有客观性。顾客分级是一个非常敏感的话题。由于顾客的长期合作关系，销售团队经常会对他们产生情感依赖。对他们来说，接受他们的顾客可能属于一个不太盈利的群体（如高 CTS 或低盈利能力）这个事实是一个挑战。这就强调了需要更容易理解、更客观的标准来分类顾客。主观性应该尽可能地从这个过程中剔除。如果没有销售人员的支持，库存或与顾客相关的最佳实践的实施将不会成功。因此，客观的标准应该推动顾客分级的过程，以增加成功的机会。

（2）创建一种通用的语言。创建一个通用的术语（如顾客类型名称），并使用它在公司之间进行交流，可以提高接受度，以及改变人们的长期思维模式。每个与顾客相关的业务决策现在都将包含分级结果，从而在平衡成本与服务的同时进行有效的决策。

（3）促进形成一种学习的文化。当公司激励人们学习，并通过理解而不是强制来允许展开学习时，企业文化就会改变了。

（4）得到高层支持。最高管理层承诺是任何最佳实践实施计划的基本标准。他们的政策持续性（战略）水平对于长期提高股东价值至关重要。

（5）创建一个定制的培训方法。自定义公司的学习元素（研讨会），基于成熟体系而不是强迫所有的人员，无论他们的资格如何，都给到相同的水平。

（6）调整公司和销售团队的目标。将工作绩效与薪酬联系起来至关重要，尤其是对销售人员而言。正如我们在第9章中所述，将顾客分级应用于销售人员薪酬需要在公司目标和所有顾客类型（核心、机会主义、边缘或服务流失）之间保持一致。换句话说，并不是所有的毛利率都是一样的。如果销售人员和管理层同意，则更改公司的可变薪酬部分（佣金或奖金）以反映顾客类型。一般来说，这不是一朝一夕的事情，它要遵循三个主要阶段，如图 10-3 所示。

图 10-3　管理变革阶段

- 提供可见性。如上所述，这与学习和成长有关。销售人员应该能够了解分级的方法和结果，关键是让他们根据自己的喜好进行定制。例如，一些销售人员可能比其他人更好奇他们最喜欢的顾客被指定为边缘型或服务流失型的细节。他们可能更喜欢深入到每个维度，以了解在确定最终状态之前对顾客的单独排名。其他人可能会对最终的状态感到满意，并毫无疑问地接受这些结果。向下搜索和方便访问信息是为销售人员提供可视性的两个关键组成部分。这有助于将任何新的最佳实践长期制度化。

- 参与讨论。此阶段侧重于在日常销售团队讨论和会议中使用自定义术语（如顾客类型名称、CTS 因素等）来阐明确定的可见性。通过这样做，销售人员可以进行调整，以考虑这些顾客类型的任何定价或服务决策。销售人员的目标和绩效审查应包含这些术语。战术层面的全公司目标也可以类似的方式来传达，在整个公司中展开讨论，并使所有员工熟悉新的顾客身份。这样，其他功能团队如采购、仓库和运输就可以使用相同的语言进行沟通。这间接地将公司的利益相关者放到了一起。

- 连接到薪酬。可见性阶段公开了最佳实践方法，并让销售人员根据需要检查逻辑和数据。可见性消除并澄清了关键的方法问题，包括如何衡量忠诚度和CTS。一旦销售人员熟悉了方法，就会进行讨论，消除了关于数据来源、数据如何应用于顾客等问题。随着时间的推移，销售人员开始创造性地利用顾客类型来解决问题。这种接受或购买为最后一个阶段的绩效与薪酬挂钩奠定了基础。这个阶段关注回答问题，如销售人员在哪里有影响，以及销售人员的表现如何与CTS因素相关等。分销商也不必处理性能和薪酬之间的复杂连接。薪酬可以像稍微增加核心顾客毛利率的佣金比例一样简单。根据进展情况，可以引入更复杂的连接。

（7）使流程指标与工作绩效相一致。

（8）平衡指标。这样做是为了避免单向或次优的改进（例如，以牺牲运营成本为代价来改善服务）。

案例 10-2　开发销售人员数据面板

某 PVF 分销商决定将顾客分级作为其整体战略的一部分，以实现收入和盈利能力的五年增长目标。顾客分级项目团队通过从每个不同的区域中选择一个位置来进行试点分析，以了解顾客分级方法中所需的定制水平。由于分销商服务于不同的顾客基础，如能源、工业、基础设施、商业和 MRO 部门，因此 CTS 因素会根据每个地区的顾客基础进行调整。在审查了试点分析的结果后，执行管理团队同意将项目全面实施。

项目团队在试点阶段选择了来自每个地区的销售人员“冠军”，他们都理解总体实施的战术要求。团队知道，顾客分级框架必须在细节层面上满足对销售团队的不同期望。使这个问题更加复杂的是，由于多年来的收购增长，分销商在多个地区运营了多个 IT 平台（这些收购在系统方面尚未完全集成）。因此，为了满足可访问性的需求，销售团队同意使用电子表格格式作为最佳选择。在为这种方法开发任何定制的 IT 系统之前，该公司的 IT 团队计划使用一个“可见性工具”来满足这两个需求（能够深入了解到不同层次的信息和电子表格方法）。“他们使用电子表格开发了这个工具，它可以根据所需的细节级别进行定制。最初，该工具会根据位置显示经过颜色编码的顾客类型。然后，销售代表可以双击顾客类型，深入到排名背后的维度和数据——他们可以看到顾客在销售、忠诚度以及毛利率和CTS方面的得分。销售人员喜欢这个"仪表盘"，因为它没有强迫任何学习，而是提供了按需的深度和细节选项。

案例10 – 3　应用分级分析的结果

某电力分销商实施顾客分级，主要是为了改进其定价决策。在每周一次的销售团队会议上，销售团队将顾客分级的结果应用于讨论新产品和服务的定价方法，团队将根据顾客类型为新产品和服务定价。然后，该团队根据即将到来的预算、销售团队的覆盖范围和规模转向了下一个议程项目。通常，团队会确定顾客的数量及其位置（覆盖半径），以决定销售人员应如何联系这些顾客。然而，在讨论中，一位地区销售经理问了一个重要的问题：特定区域有多少核心顾客？这改变了讨论的进程，团队集中从核心和机会主义的顾客方面来检查所有区域，而不仅仅是根据顾客的数量。

10.2　流程

世界著名的"丰田方式"管理理念的四大关键原则之一——"正确的过程将产生正确的结果"表明了评分过程定义的重要性（Liker, 2004）。建立流程参数、定义流程与其他流程的交互以及分配流程所有者是管理实施的关键要素。理解和确定价值、流程关键性以及与业务活动相关的所有流程的复杂性对公司的业务效率和成功至关重要，顾客分级可以解释这些要素。如果更改包括IT方面的实施，则以下流程要素非常重要。

10.2.1　工艺参数

10.2.1.1　研究方法论

（1）维度是多少？本书在第3章中介绍的顾客分级方法具有四个维度——购买力、忠诚度、盈利能力和 CTS。公司可以选择使用所有四种维度或各维度的子集，或可能的新维度。

（2）用于定义每个维度的指标是什么？可以定制每个维度下的个别指标，以适应企业业务模型和顾客基础。例如，CTS 维度是由不同的分销商通过多个指标进行衡量的，以适应他们的商业模型和价值主张。

（3）每个指标的排名标准是什么？有两种类型的排序标准：相对排序（例如，帕累托规则）和绝对排序（例如，使用中值来确定 A、B、C 和 D 的价值）。使用这两种方法之一都可对指标进行排序。

（4）在得到最终顾客排名之前，每个度量指标/维度使用的权重是多少（通过使用组合模型）？组合度量时，会根据每个维度的相对重要性来分配权重（参见第 8 章）。

10.2.1.2　聚合水平

（1）聚合的级别是什么？顾客分级分析可以在不同的聚合级别上进行，但最常见的是分支级分析或区域级分析。其他更细的分析级别包括产品线或品牌、细分市场或销售人员（有关不同聚合级别的例子，请参见第 3 章图 3 - 4）。聚合级别由两个因素驱动：如何在组织中定义成本中心，以及如何使用顾客分级结果。

（2）多种排名。绝大多数公司都在两个级别进行顾客分级分析：分支机构或区域级别（称为区域排名）和公司级别（称为全球排名）。销售团队利用区域排名制订战术计划，确定在哪里花费时间以及所关注方面（盈利能力、CTS 等）；使用全球排名了解国家和区域顾客。例如，某电力分销商对本地与全球客户等级的细分如表 10 - 1 所示。顾客 A007 属于分支机构 576 号的服务流失顾客类别，但却处于全球（全公司）级别的核心地位。同一顾客也在另一个区域分支机构

923 号处于核心地位。该系统可帮助分销商了解特定顾客的本地采购实践，并强调提高盈利能力的机会。

表 10-1　某电力分销商对本地与全球客户等级的细分

顾客编号	全球等级	分支/区域 576				分支/区域 923			
		核心	机会主义	边缘	服务流失	核心	机会主义	边缘	服务流失
A006	核心								
A007	核心								
A008	服务流失								
A010	机会主义								
A011	机会主义								
A012	边缘								
A013	边缘								
A014	服务流失								

案例 10-4　利用全球排名和本地排名来改善顾客关系

在经济衰退后，某专业建筑材料分销商进行顾客分级以了解顾客盈利水平。分销商计划根据顾客业绩和市场情况重新调整其销售队伍。管理层决定在两个级别进行分析：公司范围内的全球排名和产品系列级别的本地排名（产品系列存储在分销商网络中的一个固定位置）。全球排名帮助销售人员了解顾客对公司的重要性。该过程显示，一些核心顾客在特定的产品类别中属于边缘型。因此，销售人员拜访了这些顾客，并调查了造成这个问题的潜在原因：有时与 CTS 因素有关，有时则与定价结构有关。因为这些都是核心顾客（意味着他们重视分销商，很容易谈论这类问题），所以销售人员很容易花时间培训他们在各自产品系列中的 CTS 因素。还有分销商与适当的供应商讨论了这个问题——试图获得更好的成本结构来帮助核心顾客。最后，全球排名更突出机会选择，而本地排名（基于产品系列）更清楚地阐明了将顾客转化为所有类别的核心顾客所面临的挑战。

10.2.1.3　顾客属性①

（1）顾客定义。一个典型的分销商数据库可能有数千个顾客主文件表，但只有一部分处于活跃状态。如何定义活跃状态？大多数分销商将活跃顾客定义为在过去 12 个月内至少有一次交易的顾客。其他通过指定最低收入额来判定，如每年大约 1200 美元。如果没有这个顾客认证，分析结果中将会出现太多不重要的顾客。大多数情况下，这些顾客会因为低购买量和低利润的属性而被归为边缘顾客类别。由于行业和商业模式的不同，顾客定义可能会改变。

（2）新顾客。新顾客的定义因业务而异。大多数分销商都决定在前三个月将这些新顾客排除在分析之外，直到他们积累了足够的数据（或数量），而后再将他们像其他顾客一样纳入到分析中。另一个决定因素是公司增加新顾客的频率。如果频率很高，前三个月应不分析他们；如果频率较低，新顾客可能对分析影响不大。通常，由于其低购买量，一般被分组为边缘顾客类别。

（3）顾客类型。有两种基本的顾客类型需要考虑：①合同类与非合同类；②全国性顾客与非全国性顾客。首先，一些分销商要为合同类顾客处理同意特定条款、条件、服务水平和价格等诸多事宜。例如，这些合同可能已经就更高的价格和更高的 DSO 达成了协议。如果是这样，在设置这些指标的排名标准时应纳入这些因素。同样，这取决于公司业务的比例有多少属于不同的顾客类型。如果该比例较低，则可能不需要在排名标准中有任何特殊规定。其次，如果企业有全国性顾客，则值得在聚合水平上进行分析：分支机构或区域级别（称为本地排名）和公司级别（称为国家排名）。这些排名可以帮助企业了解顾客在国家和区域层面的表现，反过来，也将允许企业销售团队获得更好的盈利。

10.2.1.4　分析周期（分析频率）

顾客分级分析的频率可以是月、季度或年。通常，最近 12 个月的数据常被用于分析。许多分销商选择按季度运行一次，因为可以提供足够的时间来对销售和 CTS 数据进行有意义的追踪变化。还有许多其他特殊情况，即顾客协议每两年

---

① 跨职能项目团队可能需要决定在应用分级方法时如何处理每个属性。

或每一年更新一次，根据顾客协议对 CTS 和购买量数据的影响，这些情况可能会出现不同的分析频率。

10.2.1.5 流程所有者

本书在这里讨论的所有参数——以及其他决策变量，比如更新顾客排名的频率及审查和更改截止时间限制的频率——对流程实施至关重要，必须通过分配给一个未来对这些决定负责的所有者来决定。应为一个或两个人分配特定业务流程的所有权，以定期执行分析，并对任何问题进行跟进。通常，分销商会选择 IT 人员和业务人员（主要来自销售人员或业务开发团队）。这就确立了及时向相关人员运行、解释和传播结果的责任。

10.2.1.6 与其他流程的交互作用

顾客分级结果可用于许多应用程序，如定价、销售人员部署、库存管理等。这就需要与其他进程进行交互。根据应用及执行，企业在分级过程中应考虑沟通（过程输入和输出）。

10.2.2 数据要求

第 3 章结尾讨论了顾客分级分析的详细数据要求。大多数分销商从其 ERP 系统或基于其 ERP 系统的数据仓库中提取数据字段。

10.2.3 定义和假设

在大多数情况下，不需任何特殊假设（例如，每个顾客的 DSO 计算），顾客分级维度和指标可以直接测量。然而，某些指标如 CTS 维度下的退货次数，可能需要明确的定义和假设。退货的原因有很多，如供应商原因、分销商错误、产品质量等，但在 CTS 分析中只包括由顾客错误导致的退货。同样地，在某些情况下可能需要使用替代维度。例如，产品项目级别的平均库存值可能不好获取，但月底的库存值通常可用，因此被用作替代。该假设就应被说明和记录。

10.2.4 结果形成

顾客分级的结果包含了很多信息。根据应用程序，企业可以根据需要深入了解详细信息。例如，区域销售经理可能需要一个与外部销售人员不同的视角。它们的要求和目的有所不同，这使结果的呈现至关重要。分级实施团队应该在最终确定结果之前与利益相关者讨论这些要求。

这些属性代表了任何行业中的批发分销商的顾客分级实现的典型配置选项；不同的属性设置可能会导致不同的流程输出。公司的组织规模、结构和复杂性、行业渠道、产品的性质以及 IT 能力决定了这些属性。

10.3 技术条件

Hammer M. （1990）在《哈佛商业评论》中写到，管理层的主要挑战是消除不增值的工作，而不是使用技术来实现其自动化。为了符合这一论点，批发分销商必须了解技术在最佳实践实施过程中所扮演的角色。近年来，大量的研究为经典的分销挑战提供了许多新的解决方案。顾客分级就是这样一个最尖端的解决方案。这些流程改进或最佳实践需要被掌握并集成到企业 IT 软件包中。这种持续的创新过程给 IT 提供商和分销商的 IT 团队带来了巨大的挑战。最基本的要求是，分销商必须掌握相关信息，在几乎所有的最佳实践实现过程中，信息管理是成功的关键。

正如前面章节所讨论的，顾客分级是由四个关键维度——购买力、忠诚度、盈利能力和 CTS 定义的。许多 ERP 系统只把销售（购买力）和毛利率（盈利能力）数据作为其软件包的一部分，没有包含 CTS 和忠诚度。在这种情况下，分销商有两种选择：①在 ERP 提供商或自己 IT 团队的帮助下，运用新方法论改进 ERP 系统；②使用电子表格或类似的应用程序运行分析，并将结果导回系统作为一个解决方案。这两种方法在成本、维护、未来开发等方面都有自己的优点和缺点。另一个解决方案则是实地去做所有工作。

无论采用何种方法，一旦定义和设计业务流程，都应该从用户的角度考虑自动化（定义流程应该非常简单，以便组织中的所有用户始终使用该流程）和集成（将流程自动化实施到现有企业系统中的最佳方法）。自动化这些决策活动可提高管理分销操作的速度、准确性和效率。定期执行进程时，流程所有者（用户）的阻力应最小。易用性取决于此新流程或修改是否可以与现有系统无缝集成。为了实现最大利益，在分销商信息系统中实施最佳实践分销过程至关重要。

其他实施的可行性问题包括：

（1）最终用户的熟练程度。最终用户的熟练程度会影响可采用的内容和时间。没有足够的 IT 员工的最终用户发现实施更加困难，因为他们依赖于可能负担不起的咨询服务。无信息技术人员缺乏信息管理技能，进一步限制了公司的方法采用，因为其操作专家可能无法理解系统功能。

（2）数据定义和筛选。数据问题是阻碍分级转向最佳做法的主要因素。正确的数据收集是成功采用分级最佳做法的一个关键组成部分。

（3）数据的可用性和格式。以正确的格式提供正确的数据是另一个因素。许多公司不太了解分级最佳做法，无法正确计划以什么形式收集数据。

（4）数据完整性。数据完整性从始至终一直是阻止分级最佳做法采用的主要问题。

鉴于技术在实施中的重要作用，企业 IT 团队从一开始就应该参与流程改进或分级最佳实践项目，正确实施的信息技术实践不仅可以为经理而且可以给顾客提供操作能见度，他们可以提高对分销商满足其关键需求的信心。识别和实施最佳实践流程和功能是分销商成功和生存的关键。然而，公司不是在所有情况下都需要技术，因为知识是最重要的因素，训练有素的员工将对流程改进产生最大的影响，而技术只能提高分级最佳做法的效率。

10.4 衡量指标

应通过关注流程的有效性和效率来定义指标。在实施流程改进的最佳实践时，应预期潜在的财务效益。为此，应将运营和销售指标与相关的财务指标挂钩。财务指标与股东价值直接相关，包括改善现金流的指标［DSO、日应付账款（DPO）、日库存（DOI）］、资产效率［存货投资毛利率回报率（GMROII）、DOI、库存］、盈利能力（各种费用类别、销量）和增长（销量）。当指标改进或恶化时，流程所有者应理解并实施适当的响应。同时，这些指标不应作为事后标准，而是允许通过在指标发生更改时定义正确的行为来进行主动操作。信息收集、聚合和解释的自动化进一步实现了一个可管理的过程。经理和用户不能每天监控一长串的性能指标。对指标设置公差限制，并使用触发器自动在条件变化时标记过程，这将允许管理人员监控和管理更多指标。通过特殊情况管理将大大减少每天衡量和管理绩效指标的时间。

指标集合可以作为数据页面，以驱动流程所有者和用户的决策。以下是顾客分级过程的示例指标：

（1）按四种顾客类型（核心、机会主义、边缘和服务流失）：

- 顾客数量；
- 收入金额和收益率；
- 毛利率额和百分比；
- 平均收入额和盈利能力增长；
- 订单数量；
- CTS 因素，如 DSO、每个订单的平均产品线项目数等；
- 顾客保留率。

（2）对每个销售人员：

- 核心、机会主义、边缘化和服务流失顾客的数量;
- 按四种顾客类型进行的收入和毛利率贡献的划分。

(3) 每个地区或销售区域:

- 核心、机会主义、边缘化和服务流失顾客的数量。

(4) 销售人员数据面板具有所有顾客分级指标(包括下沉市场的能力),作为决策工具。

以下是本书关于开发指标并确保实现的一些想法:

(1) 指标应与财务驱动因素保持一致。优化分销商盈利能力框架通过连接流程和股东价值来实现这一点。

(2) 指标应与员工绩效挂钩。指标应与绩效挂钩,因此是薪酬和激励结构。

(3) 指标应该保持平衡。例如,如果通过库存周转来评估买方的性能,企业可能最终会进行本地优化,其中买方正在以顾客服务为成本提高资产效率。例如,如果买方减少了整体库存,而不是只专注于减少 C 和 D 项目,顾客服务水平也会因为减少 A 和 B 项目而受到影响。因此,任何绩效指标都应该与其他指标相平衡,以便公司的绩效得到全球优化。

(4) 指标应该提高整体效率。指标应该同时体现效率和效益。

10.5 真实案例

以下实际案例提供了有关顾客分级实施过程和以下分销商结果的详细信息。案例一为某实施顾客分级并将其结果应用于定价策略的自来水管道分销商。案例二为某实施顾客分级并将其结果应用于库存管理的建筑材料分销商。案例三为某实施顾客分级并将其结果应用于提高销售人员生产力的流体动力分销商。案例四为某实施顾客分级并将其结果应用于定价和合同谈判的电力分销商。

现实世界的例子还显示了顾客分级所涉及的不同级别的定制化处理,因为以下每个公司都使用自己的变量集进行分析，并以最适合其公司的方式呈现信息。

现实案例一：为自来水管道分销商实现顾客分级

管道设备供应公司（PFSC）是一家区域性的管道、阀门和设备分销商，在4个州销售，在美国西部有32个库存地点（为保护该销商的身份，名称和渠道已改变）。该公司成立于20世纪40年代末，是该地区最大的独立批发分销商之一。PFSC提供深入的行业知识，以帮助顾客在快速移动、快速变化的业务环境中开发全面的解决方案。它的32个分支机构分为8个利润中心/地区（见表10-2）。

表10-2　管道设备供应公司（PFSC）一览（统计数据）

分销渠道	自来水管道
收入	4.07亿美元
库存	0.51亿美元
库存地点数量	32个
利润中心/地区数量	8个
类型	独立分销商
全公司活跃顾客数量	14900个

（1）挑战。PFSC已通过收购迅速增长。分销商面临着高CTS风险，其定价机制在不同地区也并不一致。分销商希望在整个公司实施一个全面的定价框架。顾客分级是任何定价方法的驱动因素，管理团队希望利用公司IT系统中的数据，将定价公式的科学性和销售团队的艺术性结合起来，创建更有效的定价决策。分销商推断，如果销售人员有关于顾客相对其他顾客的特征信息，他们将会更好地做出正确的定价决策。PFSC决定与一个分销研究中心合作进行。在研究中心的指导下，PFSC开发了一种顾客分级方法，作为建立结构化定价管理模型的第一步。

（2）目标。PFSC在着手实施顾客分级时，考虑了以下目标：

● 开发一种计算顾客收入、顾客忠诚度和净利润的组合顾客分级方法；

- 识别不太盈利的顾客，并让销售人员了解这些顾客；

- 在分销商的 ERP 系统中实施一个由顾客分级方法驱动的定价框架；

- 应用 PFSC 在过去五年中一直在工作和微调的 ABC 结果；

- 让销售人员了解顾客分级及其对定价和其他业务决策的影响。

（3）解决方案框架。PFSC 从第 3 章中所示的顾客分级框架开始。

第一阶段：分析设计。第一阶段包括根据分销商的业务环境定制顾客分级框架。PFSC 有一个 ABC 系统，因此能够在顾客层面直接计算净利润。PFSC 的顾客分级框架如图 10 - 4 所示，该公司使用了特定因素，如顾客支出（收入）和该框架中的订单数量。他们希望模型尽可能简单，并随着时间的推移添加其他相关因素，使其更为全面。该公司还重新命名了一些顾客类别。核心顾客被称为信心顾客，机会主义顾客被称为来访顾客，边缘顾客被称为基本顾客。PFSC 只使用"购买力"和"订单数量"来表示"忠诚"。毛利率和 CTS 合并为净利润（ABC 法）。

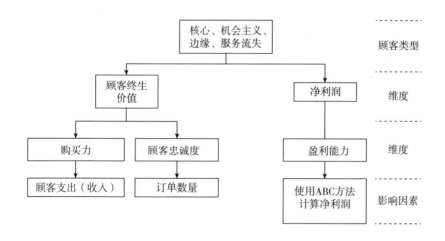

图 10 - 4　PFSC 的顾客分级框架

第二阶段：数据提取。第二个实施阶段侧重于确定要用于后续阶段的数据来源、时间线和范围。

- 数据来源。数据来源为该公司的数据仓库或 ERP 系统。

- 数据范围。所使用的范围类似于第 3 章中在 3.2.6 小节"数据要求"部分中所讨论的范围（顾客主数据、产品项目主数据和交易主数据）。

第三阶段：数据处理。第三阶段确定了项目中涉及的数据处理要素。

- 数据文件。PFSC 在其 ABC 研究的基础上进行了 CTS 分析。该公司从其交易数据中获取和收集了一些因素。CTS 因素的列表以及为特定顾客服务的成本见图 10 - 5，并解释如下。

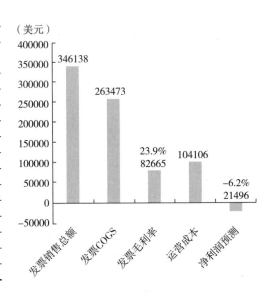

顾客A		
成本构成	金额（美元）	总销售额占比（％）
基本成本和生产线成本	38862.59	11.2
服务	1118.00	0.3
外部销售	4814.28	1.4
内部销售	7016.22	2
货车运输	4313.19	1.2
仓库	11229.94	3.2
柜台销售	6142.38	1.8
管理费用	11867.76	3.4
设置费用	0.00	0.00
增强现实融资成本	1915.54	0.6
运输费用	5.24	0.00
备货费用	16874.36	4.9
营运成本	104159.50	30

图 10 - 5　ABC 方法：PFSC 一位顾客的 CTS 类别和分析

在本例中，每个顾客都有一个基于 ABC 方法和毛利率的运营成本和净利润。图 10 - 5 中的顾客总销售额为 346138 美元，发票 COGS 总销量为 263473 美元，运营成本（CTS）为 104106 美元，毛利率额（发票毛利率）为 82665 美元，该顾客产生了 21496 美元的负利润。对每个顾客都实施类似的方法，以确定顾客层面的净利润。

- 分析筛选。对所有 32 个 PFSC 分支区域进行分析，以确定区域级别的顾客类型。该公司还进行了公司级别的分析，以了解哪些顾客有利于公司的整体盈利能力。聚合所有位置以确定公司级的顾客级别。每个顾客都有两个级别：一个本地排名（区域级别）和一个全球排名（公司级别）。

* 测试结果。公司级的研究结果见图 10-6。

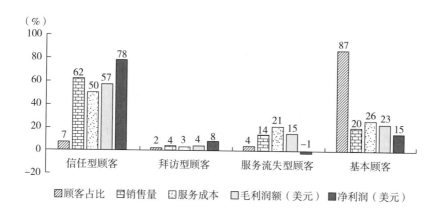

图 10-6　PFSC 的顾客分级结果（14900 个顾客）

第四阶段：顾客类型的定价策略——结果解释。在看到这些结果后，PFSC 为每种顾客类型提出了不同的策略。有关定价优化的策略是：

* 信任型顾客。为这些顾客提供最好的报价。考虑到非常小的价格上涨，因为 78% 的净利润（CTS 和毛利率的总和）是由这些核心顾客产生的，他们理解 PFSC 提供的价值。不要失去信任/忠诚度；提供基于价值的价格上涨，因为他们可能不介意为更好或更多的服务买单。每季度确认他们是否仍是信任型顾客。

* 拜访型顾客。了解为什么他们不从 PFSC 购买更多。增加销售力度，看看它们是否可以转移到信任顾客状态。如果他们可能迁移到信任状态，给他们最好的报价，但确保关系是要长期的（协议或合同），这样他们就不会只为得到最好报价而仅仅购买一次。对那些不太可能迁移到信任状态的此类顾客，则要在任何可能的机会下提供给他们尽可能高的报价来增加企业毛利率。

* 基本顾客。如果他们能进入信任类别，给他们一个更低的报价，但要比

现有的信任顾客价格高。对于其他顾客，根据提供的服务种类和服务水平，为其设定更高的价格。

- 服务流失顾客。由于这些顾客数量庞大，销售人员应该花时间尝试了解他们的购买模式和 CTS 因素。如果有机会，请协助这些顾客规划决策，因为这将对 CTS 产生影响。对于潜在的信心顾客，要提供更好的价格，但要高于现有的信心顾客。如果这些努力都无效，就针对其收取服务费并提高价格。

（4）ERP 的实施。PFSC 开始使用基于微软的 Excel 和基于 Access 的工具来开发和测试其顾客分级方法。但由于定价决策高度动态和实时，公司将顾客分级框架和定价方法转移到 ERP 系统。PFSC 有一个专门的内部 IT 团队，可以详细了解其传统的 ERP 系统。最终实施在三个月内完成，公司的每个销售人员均可使用。

（5）教育程度。教育是变革管理的关键组成部分。PFSC 的整个销售团队——分支机构经理、销售经理、销售主管和顾客服务助理——通过了为期一周的培训课程，以了解定价优化过程和顾客分级。PFSC 还公布了一项绩效计划，解释了业绩结果如何与员工薪酬联系起来。该计划为这些利益相关者应用他们在日常工作中所学奠定了基础，并为维持未来的分级最佳做法提供了动力。

（6）结果。PFSC 的项目在三个月内完成，ERP 的实施又花了三个月。该公司对后续两个季度的毛利率改善进行了实地跟踪，并向利益相关者报告。在这两个季度里，平均毛利率从 26% 上升到 30%。活跃顾客的数量保持不变——换句话说，企业并没有失去顾客或销量（从供应商那里购买的产品数量保持不变）。

现实案例二：为建筑材料分销商实现顾客分级

某建筑供应公司（OBS）是一家区域性建筑材料分销商，在美国 36 个州销售，拥有 67 个库存地点（为保护这个真正的分销商的身份，名称和渠道已改变）。该公司成立于 1964 年，是该地区最大的独立分销商之一。OBS 提供深入的行业知识，以帮助顾客在快速移动、快速变化的业务环境中开发全面的解决方案（见表 10 - 3）。

表 10 - 3　某建筑供应公司（OBS）一览（统计数据）

分销渠道	建筑材料
收入	7.80 亿美元
库存	1.81 亿美元
库存地点数量	67 个
类型	独立分销商
全公司活跃顾客数量	24200 个

（1）挑战。OBS 通过收购而有所增长，其库存水平也在快速增长。OBS 经常推出新产品，但并不是所有的新产品都能盈利。三年前，分销商陷入了一堆库存问题中，因此决定进行库存分级管理，根据销量、下订单数和盈利能力帮助企业确定盈利项目。在库存分级结束时，大约 52% 的库存金额被确定为周转缓慢（C 和 D）项目。一开始，让销售人员和采购团队了解这个项目的重要性似乎很容易，但在 6 个多月的时间里，他们只减少了 4% 的周转缓慢项目的库存。公司里的每个人都意识到了库存过剩问题，但对顾客服务失败的担忧阻止了库存减少的过程。随后管理层决定执行顾客分级，以帮助确定库存水平如何影响顾客服务。销售部门也认为这是满足他们的库存减少计划的最佳方法。

（2）目标。OBS 在实施顾客分级时考虑以下目标：

• 开发一种计算收入、顾客忠诚度、盈利能力和 CTS 的组合顾客分级方法。

• 使用顾客分级的结果来确定库存减少策略。

• 让销售人员了解顾客分级及其对库存管理和其他业务决策的影响。

（3）解决方案框架。OBS 从第 3 章中所示的顾客分级框架开始。

第一阶段：分析设计。第一阶段包括根据 OBS 的业务环境定制顾客分级框架。OBS 决定使用本书在第 3 章中提到的顾客分级模型中的所有因素。该公司需要相当全面的模型，以从其决策影响者中获得高度的认可。

第二阶段：数据提取。第二个实施阶段侧重于确定要用于后续阶段的数据来源、时间线和范围。

• 数据来源。数据来源为该公司的数据仓库或 ERP 系统。

- 数据范围。所使用的范围类似于第 3 章中在 3.2.6 小节"数据要求"部分中所讨论的范围（顾客主数据、产品项目主数据和交易主数据）。

第三阶段：数据处理。第三阶段确定了项目中涉及的数据处理要素。

- 数据文件。根据公司交易数据得到的因素进行 CTS 分析。应用第 7 章框架中列出的所有 CTS 因素（支付天数、订单金额、产品线项目数等）。

- 分析筛选。OBS 分析了其所有的 67 个区域，以确定区域级别的顾客类型。由于结果将用于减少库存，顾客分级不仅在区域层面，而且在产品系列层面。整个公司有 6 个不同的产品系列。

- 测试结果。图 10 - 7 显示了汇总后公司级的结果。

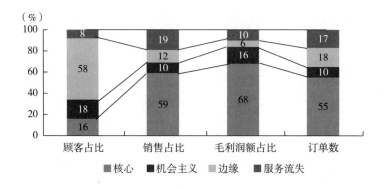

图 10 - 7　OBS 的顾客分级结果

请注意，OBS 的核心类别中的顾客比通常水平要多（16%）。OBS 的管理团队是有意这样做的，因为他们想让销售人员相信这个过程是公平的（以鼓励遵守库存减少的规定），所以管理层放松了大部分的限制。换句话说，成为核心顾客的标准变得非常容易。当销售团队看到了与这些顾客合作新建筑项目的机会和潜力，这些顾客就被手动升级到核心状态，图 10 - 7 中的结果是在执行了销售团队的所有顾客升级和修改之后。

第四阶段：结果解释——基于顾客类型的库存减少策略。分析后，OBS 查看了库存分级和顾客分级结果，库存和顾客分级的组合见图 10 - 8，并解释如下。

核心顾客购买周转较慢的 C 和 D 项目的比例较小，但其他顾客类型访问的比例比较多。很明显，OBS 公司是为大多数顾客提供周转缓慢产品项目的关键来源。机会主义顾客可能在每次购买 C 和 D 项目时都会支付更高的价格。虽然核心顾客占了收入的 59%，即使 OBS 为其保留了一些 C 库存和 D 库存，不成比例的库存被以较低的价格分发给了服务流失和边缘顾客。OBS 的销售人员明白，不必担心库存减少会对核心顾客有所影响。新的库存政策如下：

- 进行"购物篮"分析，以查看经常和 A 或 B 项目一起购买的 C 和 D 项目的数量，不到 3% 的交易重复额，因此这些项目将为核心顾客保留。

- 销售人员与核心顾客会面解释 C 和 D 项目的可用性。由于只有 11% 的收入来自 C 和 D 项目（见图 10 - 8），这些项目划分为按需要获得订单的状态。核心顾客被告知 OBS 公司仍然会为他们保留这些项目，但非当天交货。这使 OBS 可以存储更多的 A 和 B 项目，并增加这些项目的服务级别。

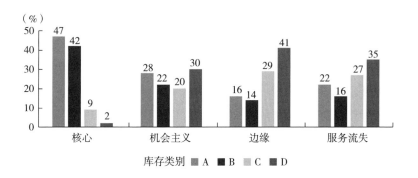

图 10 - 8 结合 OBS 的顾客分级和库存分级

- 对选定的仍有市场潜在需求的 C 和 D 项目进行一次性打折销售，这些物品的定价是为了清仓，这一过程大大降低了库存。

- 某部分缓慢周转库存（表现不佳的新产品）被战略供应商收回。

- 上述策略的整合以及 C 和 D 项目的优化订购策略——供应商提供最小量和按需要获得的基础订单量，帮助 OBS 简化了库存，同时保持高服务水平。

（4）ERP 的实施。最初，OBS 公司并没有将顾客分级作为其 ERP 系统的一部分，库存和顾客分级每季度进行。采购和销售团队都为库存决策审查结果。两年后，分销商慢慢地将这两个分级过程都作为其 ERP 系统的一部分。

（5）教育程度。教育是变革管理的关键组成部分。OBS 的整个销售团队和采购团队通过了为期三天的教育课程，以了解顾客分级过程。OBS 还公布了一项绩效计划，解释了这些结果将如何与员工的绩效联系起来。该计划为利益相关者应用他们在日常工作中学到的东西奠定了基础，并为维持未来的最佳做法提供了动力。

（6）结果。OBS 将其顾客分级结果用于减少库存和重新部署决策。之后两年，周转缓慢的库存项目从 48% 降至 22%。销售团队也在推动基于顾客分级的定价决策。与核心顾客就所有新产品介绍进行了讨论，以确定可行性。这不仅保护了新产品的分销商，而且还为 OBS 的战略供应商提供了来自核心顾客的未来新产品的市场信息。对于顾客（核心和一些机会主义）、OBS 及其战略供应商来说，这是一个"双赢"的提议。

现实案例三：为流体动力分销商实现顾客分级

Acro 机器供应（AMS）是一家地区流体动力分销商，在新英格兰销售，有 19 个库存地点（为保护这个真正的分销商的身份，名称和渠道已改变）。该公司成立于 1983 年，是该地区最大的批发分销商之一。AMS 提供深入的行业知识，以帮助顾客在快速移动、快速变化的业务环境中开发全面的解决方案。分销商拥有高素质的技术销售人员，协助顾客构建自动化解决方案（见表 10 - 4）。

（1）挑战。AMS 拥有一个非常高效的销售团队，因为每个人平均要处理 70 多个顾客账户。销售副总裁经常从销售部门那里听说，他们无法花时间陪伴所有顾客，也没有任何销售管理工具来帮助他们优化他们与顾客相处的时间。AMS 管理层不想扩大销售人员的规模，因为他们认为销售人员的生产力可以显著提高。

表 10-4　Acro 机器供应一览（统计数据）

分销渠道	自来水管道
收入	2.37 亿美元
库存地点数量	19 人
类型	独立分销商
全公司活跃顾客数量	4418 个

（2）目标。AMS 在着手提高销售人员生产力时，考虑了以下目标：

• 开发一种计算收入、顾客忠诚度和净利润的组合顾客分级方法。销售人员没有足够的时间给所有顾客，但他们不需要花时间与每个顾客在一起，因为不同顾客给企业创造的机会不同。AMS 想确定这些差异何在。

• 识别不太盈利的顾客，并让销售人员了解这些顾客。

• 确定销售人员面临的市场机会，帮助他们重新部署对高投资回报率顾客的服务时间。

• 根据顾客分级的结果，为销售人员开发一个数据面板工具。

• 培训销售人员顾客分级的知识及其对其生产力的影响。

（3）解决方案框架。AMS 从第 3 章中所示的顾客分级框架开始。

第一阶段：分析设计。第一阶段涉及根据 AMS 业务环境定制顾客分级框架。AMS 决定使用本书在第 3 章中提到的顾客分级模型中的特定因素——购买力下的一个因素、顾客忠诚度下的三个因素、顾客盈利能力下的两个因素，以及 CTS 下的五个因素。

第二阶段：数据提取。第二个实现阶段侧重于确定要用于后续阶段的数据来源、时间线和范围。

• 数据来源。数据来源为该公司的数据仓库或 ERP 系统。

• 数据范围。所使用的范围类似于第 3 章中在 3.2.6 小节"数据要求"部分中所讨论的范围（顾客主数据、产品项目主数据和交易主数据）。

第三阶段：数据处理。第三阶段确定了项目中涉及的数据处理要素。

- 数据文件。根据公司交易数据得到的因素进行 CTS 分析。应用第 7 章 CTS 因素列表中的五个因素（支付天数、订单金额、产品线项目数、C 和 D 类产品项目购买比例以及 C 和 D 类产品项目销量）。

- 分析筛选。AMS 分析了其所有的 19 个区域，以确定区域级别的顾客类型。

- 测试结果。在公司层面进行结果汇总，4% 的顾客为核心型，2% 为机会主义型，89% 为边缘型，6% 为服务流失型（由于四舍五入，比例加总可能不等于 100%）。

第四阶段：结果解释。AMS 查看顾客分级结果后，选择的策略如下：

- 销售人员应专注于增加接触机会主义顾客的时间，其目标是将他们转化为核心顾客。

- 销售人员的时间和精力应从服务流失顾客重新部署到机会主义顾客。

- 开发了一个销售团队面板数据，以指导销售人员，并帮助解决顾客访问期间要讨论的要点。

（4）ERP 的实施。AMS 并没有将顾客分级作为其 ERP 系统的一部分，而是使用微软的 Excel 和 Access 数据库工具运行了一个独立的系统。每季度对这 19 个区域进行顾客分级分析，结果以销售人员数据面板的形式提供给销售人员。

每个销售人员可以选择/输入顾客号码，并查看如何根据每个因素进行顾客排名。图 10-9 显示了核心顾客 3456789 的数据。销售量（购买力）的权重为 60%，忠诚度为 40%。毛利率（盈利能力）权重为 70%，CTS 为 30%，如图从左到右，可了解 AMS 用于顾客分级的所有因素、每个因素的权重，以及每个因素的重要性。销售人员可以方便地根据简单有图案编码的公式识别每个因素的顾客排名。该图还展示了每个维度的排名，以及"销量和忠诚度"与"毛利率和CTS"如何组合起来形成顾客的最终排名，在这种情况下顾客排名为 BB，这将该顾客归为核心顾客的底部象限部分，也由一个针对顾客类型的图案编码的公式来表示（见图 10-9）。

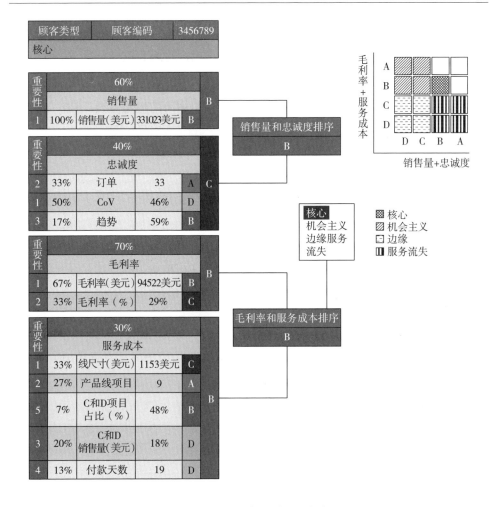

图 10-9 AMS 的销售人员面板数据

如果顾客在任何类别中被排名为 A 或 B，这是一件好事，但如果顾客排名为 C 或 D，则可以在销售访问期间与顾客进行讨论。如果顾客处于象限内靠近核心顾客的部分，那么销售人员就会明白这些都是潜在的核心顾客。

（5）教育程度。教育是变革管理的关键组成部分。AMS 整个销售团队通过了为期一周的教育课程，以了解顾客分级过程。AMS 还公布了一项绩效计划，解释了这些结果将如何与员工的绩效联系起来。该计划为利益相关者应用他们在日常工作中学到的东西奠定了基础，并为维持未来的最佳做法提供了动力。

（6）结果。AMS 利用顾客分级的结果来提高销售人员的生产力。一些服务消耗顾客成为核心顾客，因为销售团队针对其提出了解决方案，帮助顾客提供更好的购买实践。核心顾客的数量增加了，销售团队能够花更多的时间与战略顾客在一起。此外，一些边缘和服务流失的顾客被分配到内部销售团队。机会型顾客现在产生了更高的收入，与新顾客开展了更多业务，核心顾客收入增长，整体CTS 下降，带来了更高的运营利润率。

现实案例四：为电力分销商实现顾客分级

电力灯供应公司（PLSC）是一家地区性的电力分销商，为顾客提供灯具、电缆、保险丝、灯泡和配件等产品。该分销商在两个州销售，在美国南部有 7 个库存地点（为了保护这个真正的分销商的身份，名称和渠道已经改变）。该公司成立于 20 世纪 60 年代末，是其所覆盖的两个州最大的独立批发分销商之一。分销商与不同的顾客签订长期合同，其 50% 的业务由交易销售量驱动（见表 10 -5）。

表 10 -5　电力灯供应公司（PLSC）一览（统计数据）

分销渠道	电力
收入	0.59 亿美元
平均毛利率占比	29.2%
地区数量	7 个
类型	独立分销商
全公司活跃顾客数量	3001 个

（1）挑战。PLSC 最初是一个只专注于两个州的家族企业。该公司对扩大目前的地点数量不感兴趣，只希望为它们所服务地区的顾客保持主导和可信赖的供应商。由于它的地理位置有限，所以不打算扩张，它需要非常有效的产品定价，以保持盈利和利润，维持其目前的商业模式。遗憾的是，这家分销商并没有朝着预期的方向发展。PLSC 为所有的顾客提供了服务。随着顾客需求的不断增多和

毛利率压力的增大，PLSC 觉得需要更好地了解顾客。它计划区分盈利顾客和非盈利顾客；其 50% 的业务都通过合同约束，但领导层没有任何机制来评估现有的合同和顾客。多年来，由于定价无效，PLSC 经历了毛利率的下降，大部分下降来自合同价格，因为在此过程中要么定价过低，要么低估了 CTS。

（2）目标。PLSC 在着手实施顾客分级时考虑了以下目标：

● 开发一种组合的顾客分级方法，以考虑购买力、顾客忠诚度、盈利能力和 CTS。

● 在其 ERP 系统中实现一个由顾客分级方法驱动的定价框架。

● 应用顾客分级来评估顾客的合同和报价。

（3）解决方案框架。PLSC 从第 3 章所示的顾客分级框架开始，开始定价和合同评估过程。

第一阶段：分析设计。第一阶段包括根据 PLSC 的业务环境定制顾客分级框架。PLSC 决定使用本书在第 3 章中提到的顾客分级框架，只做了微小调整。PLSC 使用了第 7 章中的四个 CTS 因素（支付天数、订单金额、C 和 D 类产品项目购买比例以及 C 和 D 类产品项目销量）。在 PLSC 上应用的顾客分级框架见图 10-10。PLSC 在"购买力"指标下仅使用收入额。

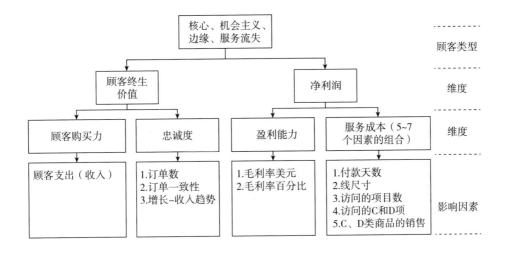

图 10-10 PLSC 的顾客分级框架

第二阶段：数据提取。第二个实现阶段侧重于确定要用于后续阶段的数据来源、时间线和范围。

- 数据来源。数据来源为该公司的数据仓库或 ERP 系统。

- 数据范围。所使用的范围类似于第 3 章中在 3.2.6 小节"数据要求"部分中所讨论的范围（顾客主数据、产品项目主数据和交易主数据）。

第三阶段：数据处理。第三阶段检查了该项目中涉及的数据处理要素。

- 数据文件。该公司最初确定了九个 CTS 因素。根据第 7 章中介绍的方法进行 CTS 分析。这九个因素是从公司的交易数据中得到的。PLSC 开始的 CTS 因素的初始列表是平均产品金额、平均产品线项目数、销售回报率、平均订单金额、支付天数、C 和 D 类产品项目购买比例（基于产品项目数量）、C 和 D 类产品的销售百分比（基于收入额）、通过合同获得的订单百分比、通过报价获得的订单百分比。

PLSC 的定价团队明白在这一点上有太多的因素会受影响，但仍然根据每个因素将顾客排名为 A、B、C 或 D。

这些结果帮助 PLSC 确定了哪些因素是有偏差或冗余的——回报率、合同订单和报价订单的因素，如图 10 - 11 所示。在消除了这些因素后，只剩下了六个因素。同样地，基于订单金额和产品金额的顾客排名非常相似（见图 10 - 11），因此团队决定只使用产品金额。最终 PLSC 确定了五个 CTS 因素的顾客分级模型。

- 分析筛选。对所有 7 个 PLSC 区域进行了分析，以确定区域级的顾客类型。公司还进行了公司级的分析，以了解哪些顾客对公司的整体盈利能力做出了贡献。聚合所有位置以确定公司级的顾客级别。每个顾客都有两个级别：一个本地级别（区域级别）和一个全球级别（公司级别）。

- 测试结果。公司级的结果见图 10 - 12。

第四阶段：结果解释。顾客分级结果被纳入 PLSC 的 ERP 系统，用于定价决策和合同评估（关于 PLSC 定价方法的进一步信息已去除，以保护其专有定价模型）。

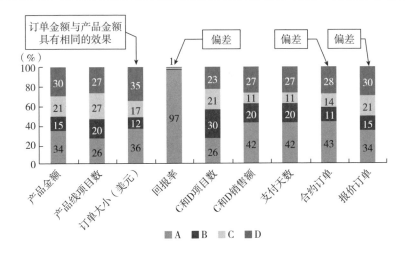

图 10－11　PLSC 如何确定顾客分级的相关 CTS 因素

注：由于四舍五入，数字可能不等于 100% 。

	顾客数量	占比（%）
核心	420	14
机会主义	164	5
边缘	2308	77
服务流失	109	4
总计	3001	100

图 10－12　PLSC 公司级顾客分级结果

（4）ERP 的实施。PLSC 开始使用基于微软的 Excel 和基于 Access 的工具来开发和测试其顾客分级方法。其 IT 团队在 ERP 系统中的顾客分级框架和定价方法的实施已在两个月内完成。因为这是一家较小的公司，所以实施时间段比大型公司要短得多。

（5）结果。PLSC 的项目在三个月内完成，ERP 的实施又花了两个月时间。下一季度的毛利率改善在一个区域被跟踪，并向股东报告。在接下来的三个季度里，平均毛利率从 29% 上升到 33%。从合同中产生的收入百分比现在下降了 35%。所有合同都通过使用顾客分级的方法进行评估，由于某些顾客的高服务成本，企业并不是与所有的现有顾客都继续签订合同。

10.6 进一步思考与探索：将基于服务成本的顾客分级模型推广至生产企业

10.6.1 思考

经前文论述可知，科学的顾客分级理论有利于企业评估出价值较高的顾客，并有效提升企业的经营利润，但现有的顾客分级方法（如 RFM 模型）中，基于服务成本考量对顾客价值的影响研究不多，且多集中于分销商顾客研究，对于生产型企业的顾客研究不多。本书尝试将某橡胶生产企业作为研究对象，不再局限于批发中间商范畴，创新性地提出采用 K-mean 聚类方法将顾客分为超优质、优质、一般和低贡献四个等级，在原 RFM 模型基础上进行改进，引入 CTS 这一评价维度，构建 RFMC 模型，由此对生产企业的顾客价值进行更为全面的评价。研究结果表明，CTS 指标的加入显著改变了原 RFM 模型的聚类结果，特别是消费金额大小和服务成本高低的统筹考虑才是顾客价值的真实体现。改进后的 RFMC 模型优化了顾客分级结果，可以有效帮助企业筛选出价值较高的顾客，针对性地付出更多的服务成本来换取利润最大化，而对于价值较低的顾客则应降低服务成本以弥补利润损失。

随着市场经济和信息技术的发展，现代企业的顾客呈现出数量大、流动性强的特点，企业维持顾客关系的成本也在不断提高。为了更好地节约成本以获取更高的利润，企业需要对不同的顾客采取有差异的经营策略。因此，顾客分级势在必行，应该成为营销者主动的战略选择（Homburg et al.，2008）。顾客分级不同于传统的市场细分方法（Lawrence F. B.，2010），因为对于每一个以盈利为目的的企业而言，不同消费者之间最关键的差异并非需求上的差异，而在于他们对企业的利润贡献率不同（Randall，2015）。因此，通过顾客分级方法来判断哪些顾客是可带来盈利的、哪些不是，可以有效地减少企业服务顾客的成本（Fowler et al.，2016），为企业挑选出那些价值贡献大的顾客。

通过文献梳理可知，顾客分级研究无论是对于工业企业还是商业企业而言，利润的提升均非常有效，但前提是必须借助于正确的顾客分级方法。现有的分级方法均集中于多个维度共同赋权重考察，对于其中的重要隐形维度——服务成本的贡献程度却研究不足、重视不够。在衡量顾客价值的过程中，服务成本的存在越来越受到学者们的重视。如果企业不得不为一位顾客付出巨大的服务成本来完成交易或者维持关系，实际上企业并不能从该顾客处赚取较高的利润（Lahutta et al.，2014）。因此，服务成本是影响顾客价值的一个重要因素，应该作为评价顾客价值高低的一个重要维度。本书跳出研究较多的批发分销商领域，尝试选择生产型企业服务顾客的成本进行量化和模型构建，以便于衡量基于服务成本差异的顾客分级效果，希望能够为服务成本如何影响顾客分级，从而提升企业利润率进行验证。

此外，大量的研究专注于消费者市场的顾客。实际上，组织市场（特别是其中的生产者市场）是一个国家经济命脉的重要组成部分（Fare et al.，1994），是国家工业实力的主要组成部分（Lee J.，1995），应加强对组织市场中销售者和购买者的研究。大量关于零售企业的研究显示，在互联网和电子商务时代，顾客选择商家与商品的机会增加，顾客的购买选择不断增加，其忠诚度也就随之降低（郑文君，2015）。与之相反，对于工业企业来讲，稳定的供货商有利于企业缩减成本以及保证企业生产产品的质量（周英芬和徐明，2018；高苑，2017）。由于工业品通常交易额很高，因此，通常在生产者市场中，顾客对于品牌的忠诚度非常重要并且具有长时间的合作关系，售卖者与购买者之间的来往也更加频繁，付出的服务成本也更加高昂（周扬，2017；张东晖，2016）。同时，现代企业为了保持竞争力也不得不向服务型公司转化（龙跃，2011）。

10.6.2 研究意义

本书选择某制造业企业作为实证对象进行研究更加符合顾客分级以缩减服务成本、扩大利润率的目的，可以有效帮助企业筛选出那些价值较高的顾客，针对性地付出更多的服务成本来换取利润最大化，而对于那些价值较低的顾客则应降低服务成本以弥补利润的损失。

由此可见，顾客分级是根据顾客对于企业的贡献率或者说顾客的价值大小对顾客进行的有优劣之分的差异化分类。顾客分级也是在实际的销售行为已经进行了一段时间之后对于前期策略制定的反馈和进一步发展方向的掌握，属于商业发展这一领域（Lawrence F. B., 2010；Smith W. R., 1956；王晓文等，2017）。因此，顾客分级结果中价值高的顾客越多，说明企业的营销策略越成功，反之则说明企业的营销策略存在一些问题，没能吸引或者在市场中定位到价值高的顾客群体。

（1）现实意义。根据分级结果，企业削减那些对企业贡献度低的顾客服务开支，直接节约了企业的经营和营销成本，提高了企业的利润率。

（2）提高 VIP 顾客的忠诚度。根据分级结果，企业将削减的开支用于那些对企业贡献度高的顾客，必然会提高他们对企业产品或者服务的忠诚度，也会带来更高的顾客收益回报。

（3）精准挖掘潜力顾客。通过将顾客进行分级，挖掘更多的顾客信息，针对那些有潜力的顾客加大投资，有效挖掘顾客的潜在价值，精准服务提升企业利润。

综上所述，顾客分级是企业在经营过程当中必不可少的一部分，是企业对于自身经营策略的检验，可以有效反馈出企业经营策略中的漏洞和不足。价值高的顾客可以为企业提供参考，明确企业下一步的经营方向；可以将企业的经营方式由产品导向转化为顾客导向。并且，采取差异化的经营策略确实能够缩减企业的开支以及增加经营利润（KIM et al.，2006；Andy Fred Wali，2018）。

10.6.3 假设提出

结合顾客分级理论可知，RFM 模型的三个指标与顾客分级变量的契合度较高。无论是 B2B 还是 B2C 市场，购买时间、购买频率和购买金额均体现了顾客对于企业的忠诚度、购买能力和企业从该顾客处获得的收益率，即顾客对于企业的整体价值。因此，国内外很多学者都对基础 RFM 模型进行了改进，使其获得了更广泛的应用。

综上，关于 RFM 模型的使用与评价计算，学者们根据自己所研究课题或者企业的具体情况重新定义或者改进 R、F、M 三个指标所指出的内容，或者加入新的衡量指标后提出新的更加适用的改进 RFM 模型，并且在获取所需数据后，与其他的数学计算方法相结合合理评价顾客的价值或者对顾客进行分级管理。这也是本书最重要的设计思路。

RFM 模型的改进型运用中均对顾客为企业带来的价值进行了各种角度的评价。但是在企业经营的现实情况中，管理者们总是循规蹈矩地想着如何去缩减生产产品过程中的成本开支，却总是忽略在服务顾客的过程中所付出的成本（Braithwaite and Samakh，1998）。为了维持与一些顾客的交易关系，企业不得不对该顾客进行大量的投资或者提供更高级的服务从而付出大量的成本，若是增加成本的额度大于该顾客的潜在价值就会使企业对于该顾客的收益率降低甚至导致亏损（Lahutta et al.，2014）。因此，现有的分级方法特别是 RFM 模型并没有考虑到企业的 CTS。CTS 的存在深刻影响到了企业对顾客价值大小的判断，其实际上取决于顾客的行为，而不是取决于提供服务的企业（Kaplan and Narayanan，2013）。

基于此，CTS 的存在对于顾客价值的高低评定有着客观调节的重要作用：某些顾客虽然消费金额较高，但企业不得不为其同时付出各种费用（例如定制费、高昂的运输费、退货费用等），导致回报率实际上并不高；但有些顾客可能消费频率并不多，但平均订单金额高、预订比例大或是购买滞销产品比例高等，对企业的实际价值更高。显然，仅仅使用 R、F、M 三个指标对顾客进行价值分级存在缺陷。因此，本书需要构建改进 RFM 模型，即在原 RFM 模型的基础上加入 CTS 这一维度，以全面评价顾客对于企业价值的高低。对现有的 RFM 模型进行改进，建立 RFMC 模型。改进后的 RFMC 模型结合 K - means 聚类算法，能够帮助企业准确判断服务顾客的成本高低，从而获取更高的利润，改变了原 RFM 模型仅靠消费数据判断顾客价值的弊端，在顾客分级结果中也会导致顾客等级发生颠覆性改变。因此提出 H1：由于 CTS 指标的引入，新的 RFMC 模型能够将基础 RFM 模型聚类结果中价值评价较低的顾客提升为价值评价较高的顾客；H2：由于 CTS 指标的引入，RFMC 模型能够将基础 RFM 模型聚类结果中价值评价较高的顾客降低为价值评价较低的顾客。只有全方位地量化顾客的价值大小，充分考虑企业付出的服务成本高低，才能挖掘出真正给企业带来价值的顾客，有助于企业最大化自身的经营利润。由此提出 H3：新的 RFMC 模型能够使企业降低服务成本从而获取更高的利润。

10.6.4　模型构建

本书在传统 RFM 模型的基础上，加入 CTS 这一新的评价维度。具体方法是：分别收集 R、F、M、CTS 这四个维度的顾客数据之后给出相应的分数，总得分的平均分越高的顾客价值也就越高，列为较高等级。本书采用 K - means 聚类的方法将顾客聚成四类，平均分距离较近的顾客被聚类成为同一类顾客。根据聚类结果将每一类顾客的平均得分从高到低排列，并依次划分为超优质顾客、优质顾客、一般顾客和低贡献顾客四类。因为涉及服务成本的问题，因此模型构建内容是根据实际的企业经营指标进行设计的，所有分级指标数据均来自某橡胶制造企业。

10.6.4.1　CTS 模型的构建

CTS 的概念实际上贯穿了顾客的整个生命周期。因此，本书将服务成本界定为，在企业服务顾客的全过程中，企业为了与顾客发生交易从而维持顾客关系所付出的所有成本项目。由于有些项目使用金额计算不便，且服务成本有时难以量化（如企业为顾客提供更高级的服务细节等），导致企业付出了很多隐形成本而不自知。因此，现有的顾客分级方法特别是 RFM 模型在判断顾客价值高低时，并没有充分考虑到 CTS。

因此，很多学者从顾客的购买角度提出了 CTS 的衡量方法。如最早也是最经典的由 Lawrence 等（2011）提出顾客平均订单金额（Average order size）、顾客购买的产品线数目（Average number of line item）、顾客平均支付天数（Average days to pay）、顾客预订单比例（Will - call - order）、投递天数（Same - day deliver）、顾客购买滞销商品数量（C&D item accessed）、顾客退货数（Number of returns）这七个方面来衡量顾客让企业付出的服务成本大小。

根据本书的数据收集对象——山东省某橡胶输送带制造企业的顾客群体，再综合考虑 Lawrence 等（2011）的研究成果，以及该企业顾客群体的实际购买指标，最终确定了四个指标来衡量顾客的服务成本：平均订单金额（Average order size）、顾客平均支付天数（Average days to pay）、顾客的预订比例（Will - call - order）、企业销售人员回报（Salesperson return）。其中，前三个指标是制造型企业顾客的典型购买表现，而第四个指标则考虑到了企业自身销售人员的服务成本付出，属于本书区别于以往研究的创新点。综上所述，构建了如图 10 - 13 所示的结构模型：

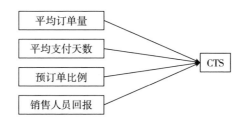

图 10 - 13　服务成本的模型构建

得出：

$$CTS = \alpha_1 X_1 + \alpha_2 X_2 + \alpha_3 X_3 + \alpha_4 X_4 \tag{10-1}$$

其中，X_n 代表了图 10 – 13 中 CTS 的四个衡量指标（n = 1，2，3，4），即 X_1 表示平均订单金额（Average order size）、X_2 表示顾客平均支付货款时间（Average days to pay）、X_3 表示顾客的预订比例（Will – call – order）、X_4 表示企业销售人员回报（Salesperson return）。

那么，如何确定 α_n 的值（即系数权重）呢？根据 Lawrence 等（2010）的研究结论，首先，将这四个指标按照重要性顺序进行排列，其原则是根据该系数对应的这项指标对于企业经营利润的影响程度大小。顾客平均订单金额（X_1）这项指标直接为企业提供现金流，企业非常看重，因此 α_1 权重占比最大；X_2（顾客平均支付货款时间）对企业利润和现金流也会产生一定影响，但不是直接影响，因此权重占比 α_2 就比 α_1 小一些；同理，顾客的预订比例（X_3）影响企业利润更为间接，一定周期才会体现出来，因此权重占比 $\alpha_3 < \alpha_2$；企业销售人员回报（X_4）并不能直接转化为企业利润，却利于企业长期谋划而选择出服务成本付出最低的顾客，因此 α_4 权重占比相对最低。根据以上分析，可大体确定各指标间权重差异较为均衡，因此可按照 m = 4、3、2、1 来进行赋分，则：

$$\alpha_n = (m/10) \times 100\% \ (n = 1，2，3，4) \tag{10 – 2}$$

即 $\alpha_1 = 40\%$，$\alpha_2 = 30\%$，$\alpha_3 = 20\%$，$\alpha_4 = 10\%$，权重分配完毕。值得注意的是，α_n 系数的权重占比完全可以根据不同企业的 CTS 指标变化进行重新调整和设定，并不是一成不变的。

其次，针对每一指标设计一定的定义域并首先划分为 A、B、C、D 四个等级（对应超优质、优质、一般和低贡献）四个层级的顾客分类，例如对于平均订单金额 X_1：A（≥500000）、B（300000 ≤ n < 500000）、C（200000 ≤ n < 300000）、D（≤200000）；然后根据划分的 4 个等级进行赋分 [A = 40、B = 30、C = 20、D = 10（总和 100 分）]，这样就能确定出 X_1 的取值，以此类推确定每一个 X_n 的取值，最终代入式（10 – 1）中计算出 CTS 值。

需要特别注意的是，上述内容中 A、B、C、D 四个等级的赋值区间是针对本书所研究企业的经营数据内容具体划分的，本书选取的赋值依据是根据等差数列原理均衡分布（权重分别为 40、30、20、10），极差固定，主要原因是考虑将坐标上的数据点平分，尽量避免人为的数据选择偏差。如果区间划分的数据点太偏，当考虑到使用聚类方法时，在某区间内就会出现少量的极值情况，造成个别企业在某一项的得分有偏差，进而会影响总体聚类的结果。因此，如果改变 A、B、C、D 的赋值，在聚类算法下会影响顾客分级的结果（见表 10 - 6）。

表 10 - 6　CTS 指标的等级得分

得分	40	30	20	10
平均订单金额（元）	X > 600000	400000 < X ≤ 600000	200000 < X ≤ 400000	X ≤ 200000
平均支付天数（年）	3	2	1	货到付款
预订单比例	X > 0.75	0.5 < X ≤ 0.75	0.25 < X ≤ 0.5	X ≤ 0.25
销售人员回报（元）	X > 30000	20000 < X ≤ 30000	10000 < X ≤ 20000	X ≤ 10000

10.6.4.2　RFMC 四维评价模型的构建

本书尝试构建改进的 RFM 模型——RFMC 模型（加入 CTS 这一维度），以全面评价顾客对于企业价值的高低。并且由于服务成本这一维度的加入，必然对原 RFM 模型的分级结果造成影响，能够更加有效地发掘出那些真正回报率高的顾客，而不仅仅是通过购买金额来进行判断，从原有模型的"唯消费论"转变为"唯价值论"。

与其他原有模型相比，RFMC 模型可以更加全面地评价顾客对于企业价值的高低。此外，本书在 RFMC 模型构建基础上，创新运用 K – means 聚类算法进行顾客分级评价。

根据上述内容得出了 R、F、M、CTS 四个维度来综合评价企业顾客的价值（见图 10 - 14）。

但是，由于不同维度的指标内容不同，所以数值具有较大的差异性，不利于统一进行评价。所以首先将各个数据进行等级划分（即统一量纲，分为四个等级），并赋予其相应的分值，如表 10 - 7 所示。

· 177 ·

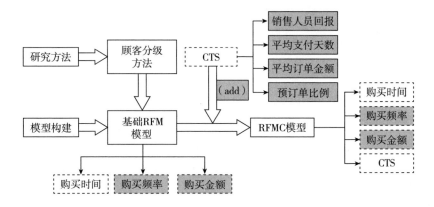

图 10 – 14   RFMC 模型构建

表 10 – 7   R、F、M、CTS 四个维度的等级划分

得分	4	3	2	1
评价	优	良	中	差
评价指标 X	Y1 < X	Y2 < X ≤ Y1	Y3 < X ≤ Y2	X ≤ Y3
R（天）	R ≤ 100	100 < R ≤ 200	200 < R ≤ 300	R > 300
F（次）	F > 6	4 < F ≤ 6	2 < F ≤ 4	F ≤ 2
M（元）	M > 600000	400000 < M ≤ 600000	200000 < M ≤ 400000	M ≤ 200000
CTS	CTS ≤ 100	100 < CTS ≤ 200	200 < CTS ≤ 300	300 < CTS ≤ 400

根据表 10 – 7 对各指标进行划分之后赋予其相应的分值，并且将赋值后的变量重新标记为 RC、FC、MC、CTSC。构建四维坐标系，例如企业编号 1 的企业 R 指标分值为 4，F 指标分值为 1，M 指标分值为 1，CTS 指标分值为 4，那么该企业的坐标为（4，1，1，4），说明该企业近期内购买过产品但是购买次数不多，属于新发展的顾客，虽然购买金额不高，但是回报率较高，值得继续维持。

使用上述方法将企业顾客共分为［（4，4，4，4）、（4，4，4，3）、…、（1，1，1，1）］共 256 类顾客，拟使用 K – means 聚类方法对顾客进行聚类分析（见表 10 – 8）。

表 10-8　顾客的类别举例分析

顾客类别	顾客价值分析
(4, 4, 4, 4)	该顾客近期购买过本企业的产品，有较大的可能性再次购买；在过去的一年内曾多次购买本企业的产品，对本企业产品的忠诚度较高；在过去的一年内购买了大量的本企业产品，为企业贡献了大量的销售额；企业在过去的一年为该顾客只付出了较少的服务成本。因此，该顾客属于再次购买可能性高、金额较大且只需企业付出较少服务成本的类型，是价值极高的顾客
...	......
(4, 4, 2, 2)	该顾客近期购买过本企业的产品，有较大的可能性再次购买；在过去的一年内曾多次购买本企业的产品，对本企业产品的忠诚度较高；在过去的一年内购买金额并不大，只购买了少量的产品；本企业不得不为与该顾客的交易付出较多的成本。因此，该顾客属于很可能再次购买本企业的产品，但企业并不能从其身上赚取较多利润的类型，是价值一般的顾客
...	......
(1, 1, 1, 1)	该顾客已很久没有购买过本企业的产品，后续也不会再购买更多产品；在过去的一年内几乎没有购买过产品，可能对本企业的产品或者服务存在较大的不满；在过去的一年内购买数量几乎为零；本企业在过去的一年不得不为该顾客付出很多的服务成本以维持关系。因此，维持与该顾客的关系并不能给企业带来更多的利益，属于价值很低的顾客

10.6.5　实证分析

本书研究所选择的数据收集对象是山东省某橡胶输送带制造企业的顾客群体，采用实地调研的方法，持续跟踪获取该企业 2018 年一年内的经营数据，选择了该时间段内所有与企业发生过交易行为的顾客，样本总量为 167。选取的主要原因在于：一是由于工业产品特性，顾客支付金额较大，多采用分期支付的方式，且由于运输方式、维系顾客等问题通常产生大量无形成本支出，因此其 RFMC 模型指标（购买时间、频率、金额、服务成本）数据非常典型；二是该橡胶输送带企业的数据真实可得，顾客群体多为中小型企业，大多数有重复购买经历。

由于本书研究的局限性，只追踪了该企业一年的顾客交易情况，数据总量和样本量都需进一步拓展。在后续研究中将挖掘更多行业企业的研究数据对该问题进行进一步论证。

所有数据指标均按照改进后的 RFMC 四维评价模型要求进行收集，其中需要说明的是：数据 R 表示该时间段内同一顾客最后一次购买企业产品的时间点与 2018 年 10 月 31 日这一时间点的间隔天数；CTS 指标数据均按照表 10 - 6 要求进行收集，并最终将所有指标量纲按照本书第 3 章的方法统一化。

表 10 - 9　描述性统计结果

	样本数	均值	标准差	方差	偏度	偏度的标准误差	峰度	峰度的标准误差
R（天）	167	162.44	117.316	13762.99	0.53	0.188	-1.1	0.374
F（次）	167	2.71	3.355	11.26	3.86	0.188	22.84	0.374
M（万元）	167	2.2754	1.32	1.73	0.33	0.188	-1.66	0.374
平均订单金额（万元）	167	26.78	31.34	982.23	2.57	0.188	8.08	0.374
平均支付时间（年）	167	0.99	1.17	1.37	0.47	0.188	-1.49	0.374
预订比例	167	0.005	0.192090	0.04	3.78	0.188	12.89	0.374
销售回报（万元）	167	1.61	4.02	16.17	9.29	0.188	103.38	0.374
CTS	167	16.16	7.18	51.52	1.05	0.188	-0.03	0.374
RC	167	2.89	1.14	1.31	-0.53	0.188	-1.17	0.374
FC	167	1.56	1.01	1.02	1.62	0.188	1.13	0.374
CTSC	167	3.01	0.93	0.86	-0.56	0.188	-0.63	0.374

根据表 10 - 9 中的描述性统计分析可以看出，本书所列出的衡量指标除了预定比例之外均有较大方差，也就是说，该企业的顾客与顾客之间的购买行为存在较大的差异，是不同类型的顾客，因此应该将他们进行差异化对待。

该企业的 167 位顾客当中仅有 4 位顾客的购买金额远远大于其他顾客的购买金额（这 4 位顾客的购买金额均大于 800 万元，其他顾客均小于 600 万元）。绝大多数顾客的购买金额在 20 万元以下。因此，采用最传统的根据购买金额决定顾客类型的方法会造成顾客等级的极度不平衡，有必要选取更多的指标进行进一步的价值分析。

10.6.6 研究方法：K – means 聚类分析

聚类试图将数据集中的样本划分为若干个通常是不相交的子集，每个子集称为一个"簇"（cluster）。通过这样的划分，每个簇可能对应于一些潜在的概念（类别），这些概念对聚类算法而言是未知的，可由使用者来把握和命名。其优点是可以找寻数据内在的分布结构，判别新用户的类型。K – means 聚类是聚类中的原型聚类，是一种迭代求解的聚类分析算法。

之所以本次选择使用 K – means 聚类方法，主要原因有三：①虽然顾客分级的思想和方法由来已久，但是在实际的研究中由于不同行业与企业之间的差异过大，需要根据行业具体特点重新设计与样本对象——某制造型企业（B2B 渠道）相符合的顾客分级计算方法。②基于顾客终生价值的角度考虑，顾客对企业的贡献是在整个生命周期中逐渐体现，因此更有必要区分出潜在价值较高的顾客，剔除掉服务成本过高的顾客，以提高企业的利润。而 K – means 聚类方法的最大优势，就是能够根据样本数据情况，确定 k 个聚类中心点，而每一个聚类中心点的值代表了这一类别数据的平均水平。对于本书顾客分级研究而言，每一个聚类中心点值恰好代表着一类顾客价值（四个等级：超优质顾客、优质顾客、一般顾客和低贡献顾客）的体现。这样就可以对不同类别的顾客加以甄别，直接判断出具有显著差别的几类顾客群体，根据相应的聚类中心数值对该类顾客进行综合评价，如 RFMC 模型中哪些指标得分较高、具有哪方面的价值，利于企业根据顾客的特点来采取针对性的营销策略。③此外，K – means 方法公认总体算法复杂度低、想法清晰、易于实现，数据处理速度快，可以利用多次迭代消除初始聚类中心点的误差，也是本书选择的原因之一。

但不可否认的是，在实际运用中，该方法也确实存在对离散分类不友好、对类别较少（如仅两类指标）数据处理效果不好的现象。本书使用 SPSS20 软件对数据进行聚类分析，得到的结果如表 10 – 10、表 10 – 11 所示。

表 10 – 10   RFM 模型的聚类结果

类别	1	2	3	4
R（天）	91	306	52	69
F（次）	2	1	16	8
M（万元）	52.25980	28.73430	960.69615	375.93558
顾客数量	96	57	4	10
占比（%）	57.5	34.1	2.4	6.0

表 10 – 11   RFMC 模型的聚类结果

类别	1	2	3	4
RC	3.56	1.46	2.62	3.87
FC	1.09	1.00	1.14	3.21
MC	1.30	1.24	3.69	3.84
CTSC	3.59	3.61	1.83	2.34
平均得分	2.38	1.82	2.32	3.32
顾客数量	54	46	29	38
占比（%）	32.3	27.5	17.4	22.8

表 10 – 10 的聚类结果显示，第三类顾客上次购买产品的日期距离分析日期最近，平均只有 52 天，相较于其他三类顾客的上次购买时间最短，因此认为再次购买的可能性最大，潜在价值最高，并且在整个调研周期（一年）内的平均购买次数也最多，因此认为此类顾客对销售企业的忠诚度相较于其他三类顾客也是最高的。另外，第三类顾客在整个周期范围内的平均购买金额明显高于其他三类顾客，对企业的贡献也最大。综上所述，第三类顾客的潜在价值、忠诚度和对企业的贡献率都是最高的，因此将第三类顾客归为超优质顾客。以此类推，根据聚类结果，使用 RFM 模型对该企业的 167 名顾客进行分类，超优质顾客 4 家，占总顾客数的 2.4%；优质顾客 10 家，占总顾客数的 6.0%；一般顾客 96 家，占总顾客数的 57.5%；低贡献顾客 57 家，占总顾客数的 34.1%。

表 10 – 11 是 RFMC 模型的聚类分析结果，可以看出第四类顾客的平均得分

为 3.32，是四类顾客中得分最高的，是最有价值的顾客。所以，在 RFMC 模型分析结果中，超优质顾客 38 家，占总顾客数的 22.8%；优质顾客 54 家，占总顾客数的 32.3%；一般顾客 29 家，占总顾客数的 17.4%；低贡献顾客 46 家，占总顾客数的 27.5%。

10.6.7　聚类结果与假设验证分析

表 10 - 12 和图 10 - 15 所示为 RFM 模型和 RFMC 模型的顾客分级结果。

表 10 - 12　RFM 模型和 RFMC 模型的顾客分级结果

	超优质顾客	优质顾客	一般顾客	低贡献顾客
RFM 模型	4	10	96	57
占比（%）	2.4	6.0	57.5	34.1
RFMC 模型	38	54	29	46
占比（%）	22.8	32.3	17.4	27.5

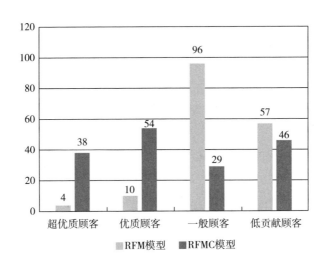

图 10 - 15　RFM 模型和 RFMC 模型的顾客分级结果

根据表 10 - 12 和图 10 - 15 中两种模型的分级结果对比，可以看出使用

RFMC 模型的顾客分级结果中，超优质顾客的比例增加了 20.4%，优质顾客的比例增加了 26.3%，一般顾客的比例下降了 40.1%，低贡献顾客的比例下降了 6.6%。因此，由于 CTS 指标的引入，RFMC 模型能够使基础 RFM 模型聚类结果发生改变：一些原有的被分类为较低贡献度的顾客提升到了较高贡献度的级别，而原来较高贡献度的顾客则降到了较低贡献度的级别。为了验证上述结果的合理性，具体来看表 10 – 13。

表 10 – 13　RFM 模型和 RFMC 模型的分级结果比较

企业编号	R	F	M	RFM 模型分级结果	RFMC	RFMC 模型分级结果
1	23	5	91.77	一般顾客	4343	超优质顾客
2	66	8	256.24	优质顾客	4442	超优质顾客
3	16	7	74.01	一般顾客	4443	超优质顾客
4	49	5	43.52	一般顾客	4333	超优质顾客
5	198	1	6.40	低贡献顾客	3114	优质顾客
6	174	3	10.12	一般顾客	3213	优质顾客
7	155	2	27.89	一般顾客	3124	优质顾客
8	108	2	364.10	优质顾客	3141	一般顾客
9	232	1	172.92	优质顾客	2131	一般顾客
10	345	1	59.40	低贡献顾客	1122	一般顾客

本书选取了顾客企业中两种模型对比之后分类变动较大的 10 家企业。编号 1、3、4 的企业在 RFM 模型中均被评为一般顾客级别，是由于它们的购买金额与表 10 – 10 中 RFM 模型聚类结果中超优质顾客的平均购买金额相差较大，而 2 号顾客由于购买金额较高被评为优质顾客，这是 RFM 模型在聚类过程中离群值对聚类结果影响较大的弊端体现。但在 RFMC 模型中，4 家顾客评级均上升为超优质顾客级别。主要原因就是 CTS 指标的引入，企业为 1、3、4 号顾客付出的服务成本均较少，虽然他们的购买金额不如 2 号顾客多，但 2 号顾客所需的服务成本却最多。四家顾客均属于近期多次购买，购买金额均在 70 万元及以上，因此评级结果相当，对企业产品的忠诚度较高，可以为企业带来较高价值，由一般顾客

提升为超优质顾客，验证了 H1。

而编号 8、9 的顾客在 RFM 模型中均被评为优质顾客，在 RFMC 模型中则被评为一般顾客。究其原因，8 号和 9 号顾客虽然在 RFM 模型的三个指标上表现较好，购买金额也不低，但是可以看出他们的服务成本评级很低，也就是说企业在这样的顾客身上可能要付出巨大的服务费用，而获得的价值回报却不高，整体利润率偏低或为负。该类顾客并不值得企业付出更多的成本维系关系，因此由评价较高的顾客降低为评价较低的顾客，验证了 H2。

编号 5、6、7 的顾客在 RFM 模型中被评为低贡献顾客和一般顾客，但是在 RFMC 模型中被评为优质顾客。可以明显看到的是，5、6、7 号顾客在 CTS 这一项上的评分分别是 4、3、4。也就是说，企业为这三个顾客付出的服务成本相当低，虽然他们的购买金额都不是很高，但是企业最终获取到的净利润较高，因此他们也是比较有价值的顾客。在引入了 CTS 这一评价指标之后，对于顾客价值的分析显然更加全面，挖掘出了更有价值的顾客，明显改善了 RFM 模型维度少、价值分析片面的问题，验证了 H3。

10.6.8 研究结论

（1）服务成本显著影响了企业对于顾客的价值判断。本书根据对 B2B 制造型企业顾客群体的实际调研以及顾客分级的研究，发现服务成本的存在是衡量顾客价值必不可少的因素。企业为了维持顾客关系必然要付出相应的服务成本，但存在一定阈值，如果一味追求顾客满意而投入过多服务性成本（如定制化服务模式、无条件退换货等），使成本增加额度大于企业对顾客的收益率（即顾客的潜在价值），必然导致利润率的下降。因此，服务成本在衡量顾客价值的过程中不容忽视，企业必须重视服务成本的存在，以判断出真正有价值的顾客。

（2）RFMC 模型能够帮助企业甄选出高价值顾客。随着企业市场营销意识的增强，成本管理以获取更高利润成为更多企业的经营目标，因此顾客分级理论在整个企业供应链当中的作用必将越来越重要。通过对 CTS 重要性的证实，改进后的 RFMC 模型能够区分出不同顾客的价值等级，并进行从高到低的排列，引导企业充分考虑服务成本要素来提升顾客合理分级，针对不同价值等级的顾客进行有针对性的营销策略制定。

实证研究结果显示，本书提供了一种量化顾客价值的新思路，改进后的 RFMC 模型结合 K – means 聚类算法，能够帮助企业准确判断服务顾客的成本高低，从而获取更高的利润，改变了原 RFM 模型仅靠消费数据判断顾客价值的弊端，在顾客分级结果中也会导致顾客等级发生颠覆性改变。只有全方位地量化顾客的价值大小，充分考虑企业付出的服务成本高低，才能挖掘出真正给企业带来价值的顾客，有助于企业最大化自身的经营利润。

10.6.9　基于顾客分级的企业管理政策建议

（1）基于本书给出的服务成本理念，企业应结合自身所处行业特征、所选择的营销渠道类型、所面对的顾客群体等因素，首先确定符合企业顾客群体表现的服务成本衡量指标；其次针对自身顾客群体的特点，利用大数据技术结合访谈、调研等方法，收集有效的顾客购买行为数据和服务成本相关指标数据，建立基础数据库备用。

（2）基于本书给出的顾客分级的实际意义，企业必须主动对顾客进行价值筛选，并且区分出不同价值等级的顾客，以实现利润最大化。因此，企业在实际的经营过程中需要设计一套完整的利润和价值反馈体系。首先，设计一套符合顾客群体特点的分级系统，开发 APP 或者相应程序，实现顾客生命全周期跟踪。其次，尝试对不同等级顾客进行针对性分类营销策略：高价值等级（服务成本也较低）的顾客给予更多优惠或者福利，如提高 VIP 等级；而对于价值等级较低（服务成本也较高）的顾客，应降低关注度，建立逐步退出机制，避免利润损耗。

11　顾客分级行动方案

"商业目标只有一个有效的定义：创建顾客"（Drucker，1954）。如果企业不深入了解顾客，就无法有效地实现这个目标。顾客分级超越了基于收入和毛利率对顾客的浅显分析；它从忠诚度和CTS维度来检查顾客。此过程可帮助整个组织深刻地理解顾客的意图和实践。此外，企业从顾客分级中的收获可以用来实现创建和保持顾客的盈利和可持续方式的基本业务功能。

随着时间的推移，分销商正在学会更科学地进行商业实践。常见做法和最佳做法之间的一个常见区别是应用于现有流程的分析级别。IT系统已经使这种分析得以实现，因此，这也是必需的。到目前为止，分销商已经对运营最佳做法进行了大量的分析，但他们基于顾客基础并没有做同样的分析。一些学者认为，人类的行为是多变的，无法从科学工具和方法的应用中获益——只有销售人员才能评估其他人。但本书认为多变性也是可衡量的。

尽管我们的行为是可变的，但人类往往是可预测的，并倾向于遵循某种模式。这些模式可以通过IT系统中创建的许多数据点来掌握。因此，顾客分级并不能取代人类的智力。它只是能够分析人类无法记忆但系统能够记忆的东西。企业只需要分析这种行为并组织它，以便人类专家可以区分并使用这些数据作为更好的决策和关系管理的基础。

11.1 顾客分级行动方案：如何在公司应用

本书已经提供了顾客分级框架、评估细节、应用程序、实现因素以及其如何在现实世界中应用，企业管理者开始关注如何在自己的公司中实施这些实践，本章提供了一个可执行的具体方案。如果遵循本书在之前章节中概述的分级最佳做法，并将一些真实世界的例子与公司的实践联系起来，那么这些改进是可以实现的。为了帮助企业开展分级工作，以下是应用顾客分级以优化公司股东价值的具体方案：

（1）管理团队应该讨论顾客分级与公司的相关性及其作用。考虑到未来 3 ~ 5 年的战略增长目标，团队应该讨论如何通过顾客分级来增强或加速实现公司长期特定目标的进程。与此同时，团队应该考虑正在进行的战略举措，以及顾客分级符合哪些优先范围。团队的决定应该解决多个问题：①顾客分级是否与企业业务相关？②如果是，可以使用分级的潜在应用有哪些方面？③如果企业过去也从事过类似的活动，这次有什么不同？④优先级是什么，企业计划什么时候开始和完成项目？⑤目标是什么，如何衡量结果？企业的目标必须尽可能具体，例如：在未来六个月将公司平均利润率提高两个百分点、在下个季度在商业细分市场部门减少 5% 的 CTS，或在接下来的两个季度，重新调整销售队伍以实现在西海岸地区 6% 的收入增长。这五个问题的答案将由以下步骤展示。

（2）发展一个由中层经理和潜在领导组成的跨职能战术团队。这些功能可以包括销售（内外、顾客服务代表）、IT、运营、采购和财务。目标是让这个战术团队将公司视为一个整体的功能，而不是单独的本地职能。

（3）要求跨职能战术团队使用第 3 章开头提供的顾客分级框架（常见、良好和最佳做法）来评估当前的顾客分级流程，并让团队开发一份流程评估报告。这为团队提供了一个了解最佳做法的细节并了解公司当前方案的机会。

（4）使用第 9 章中讨论的潜在应用程序，召开团队会议，讨论分级过程对股东价值的影响（关于步骤 1 中说明的团队目标）。此过程可帮助团队采用一些将直接影响目标的关键应用程序（如定价）。

（5）量化盈利能力，以决定为步骤（4）中确定的关键应用程序实施最佳做法的预期改进。此财务分析主要提供了企业可以为这些流程实现的潜在盈利能力的范围，也揭示了任何需要解决的潜在挑战。该过程进一步缩小了顾客分级应用程序的列表，并帮助确定一两个优先可以在不中断正常操作或消耗大量资源的情况下实现的因素。

（6）确定一套实施的试点地点，并制定特定的项目计划——目标、范围、预算、时间段、项目发起人、项目经理、项目团队（业务和 IT）以及任何外部帮助（如果需要）。

（7）向焦点小组（试点地区经理）传达计划。解决小组对顾客服务和成本问题的担忧。准备和分发常见问题列表是传达细节的众多方式之一。避免信息超载，这样沟通努力就能有效地实现企业目标。

（8）通过第 3～10 章了解最佳做法，并对试点地区进行分析。与利益相关者讨论结果——内部顾客会使用这些结果来获得日常决策的结果，使用者反馈后重新分析，确定分析标准。

（9）讨论并决定企业将在 IT 系统中实施最佳做法的机制，然后在 IT 提供商或内部 IT 团队的帮助下，在 IT 系统中实施。

（10）确定未来可用于维持最佳做法的指标，以便设计机制，将用户绩效与这些指标、薪酬与激励结构连接。

（11）培训员工掌握分级最佳做法。提供技术和商业教育，以帮助使用者在决策过程中应用所学到的知识。根据企业人力资源策略，执行所需的变更管理步骤。

（12）每季度回顾企业目标，并适应业务环境。

11.2 本书结论

以下关于顾客分级的结论来自多个研究联盟的发现，以及对数百个最佳做法实施和教育会议的经验——这提供了对过去 10 年里数千个分销专业人士的观察、互动和学习的机会。

（1）顾客分级过程可以用来衡量评估潜力。第 3 章中描述的常见、良好和最佳做法提供了一系列流程标准，可以比较公司当前在顾客分级方面的做法。此评估将强调顾客分级中的改进机会及其对组织的潜在好处。

（2）随着顾客分级提高盈利能力的潜力。第 2~9 章分别讨论的多种动机和应用，突出了为分销商提供的顾客分级方法的巨大潜力。应用范围从重新部署昂贵的销售资源，将销售人员薪酬与公司目标对齐，管理最大的分销商资产（库存），优化定价实践，到在"新常态"的盈利增长路径上管理风险。

在分销商联盟会议上，以及在许多公共教育项目中，一些关键的最佳方法研究和实践已经非常风靡，对股东价值影响最大的有库存分级、顾客分级（和定价）和供应商绩效（交货时间影响）。

（3）企业始终可以在顾客分级和股东价值之间建立一对一的联系。将业务流程认定为最佳方法的最重要的标准之一是能够将其影响与股东价值联系起来。如果没有建立这种连接，那么就没有理由激励那些希望优化投资回报率的人员来实施最佳方法。顾客分级框架中的四大维度（购买力、忠诚度、盈利能力和CTS）与股东价值的关键财务驱动力（增长、盈利能力、资产效率和现金流）之间的联系见第 8 章。

（4）连接是可量化的。第 9 章列出了许多顾客分级应用，其中最常见的一个是销售人员重新部署。这个过程引导销售团队在对顾客的响应能力和建立关系方面制定其策略。许多分销商通过增加对高潜力顾客花费的时间（销售人员的时间），量化了销售人员重新部署策略的好处。重新部署策略使收入增加，尽量减少了销售损失（如果有的话），并减少了CTS。通过定量地展示其好处，这些应用可以从销售部门那里得到更好的认可，与股东价值的联系是关键。

（5）可以实现顾客分级的最佳方法。人员、流程、技术和指标是帮助企业实现资源和执行流程改进的四个因素，第10章中的四个分销商案例说明了实现顾客分级最佳方法的努力以及从成功计划中获得的收益。

（6）持续的教育将使分销商能够实现潜在的盈利能力。近年来，大量关于批发分销商的研究为经典的分销挑战提供了许多新的解决方案。顾客分级就是这样一个最尖端的解决方案。IT公司可能需要几年时间才能充分采用这一关键的业务流程作为其解决方案的一部分。然而，批发分销商不必在所有情况下都等待技术应用，因为知识是最重要的推动因素。训练有素的工作人员将对过程改进产生最大的影响。从长远来看，学习和成长在执行过程改进（以最佳方法的形式）中发挥着最重要的作用。教育员工如何进行顾客分级最佳实践，为他们提供工具和知识，树立一种建立和保持流程的文化将提供不断提高股东价值的动力。

参考文献

［1］菲利普·科特勒. 营销管理：分析、计划、执行和控制［M］. 梅汝和，等，译. 上海：上海人民出版社，1997.

［2］菲利普. 科特勒. 营销管理（工商管理经典译丛）［M］. 亚洲版·第三版. 梅清豪，译. 北京：中国人民大学出版社，2005.

［3］高苑. 价值链视角下跨国制造业成本优化——以三菱重工为例［J］. 财会通讯，2017（14）：66－71.

［4］季晓芬，贾真. 基于RFM行为模型的服装企业VIP顾客数据挖掘［J］. 浙江理工大学学报，2015（4）：131－135.

［5］吕斌，张晋东. 基于RFM模型的商业银行营销决策分析［J］. 统计与决策，2013（14）：65－57.

［6］陆娜，刘晓文，李兰. 基于RFM的网店客户价值细分研究［J］. 电脑知识与技术，2018，14（18）：275－276，284.

［7］刘倩. 顾客金字塔分层法——一种崭新的细分市场划分方法［J］. 市场营销导刊，2002（2）：33－35.

［8］顾炜. 面向Drupal系统运用PHP开发语言和MySQL数据库设计的顾客分级管理系统［D］. 苏州大学硕士学位论文，2014.

［9］黄涛，黄雷，孙成卫. 建筑行业顾客群体的分级管理［J］. 中国质量，2012（3）：28－31.

［10］曹守晔, 张钱. 金融消费者分级保护制度的法律规则构架［J］. 社会科学辑刊, 2014 (4): 76-80.

［11］韦朦. 房地产精准营销顾客筛选漏斗模型研究［D］. 广西大学硕士学位论文, 2015.

［12］张蕾, 甄超, 姜卫. 成品油零售顾客分级的探索研究［J］. 现代营销 (下旬刊), 2016 (10): 33-36.

［13］计海斌, 基于改进 RFM 模型的应用研究［D］. 吉林大学硕士学位论文, 2010.

［14］乔中杰. B2C 电子商务网站顾客价值及其应用研究［D］. 北京化工大学硕士学位论文, 2011.

［15］蔡淑琴, 马玉涛, 王瑞. 在线口碑传播的意见领袖识别方法研究［J］. 中国管理科学, 2013 (2): 185-192.

［16］陈科帆, 周文钦. 基于 D-RFM 的存量顾客精细化运营模型研究［J］. 通信与信息技术, 2017 (6): 30-34.

［17］杜科, 邓佳雯, 陈继红. 改进 RFM 模型在房地产客户细分中的研究及应用［J］. 电脑知识与技术, 2018, 14 (19): 243-245, 251.

［18］闫春, 孙海棠, 李亚琪. 基于随机森林与 RFM 模型的财险顾客分类管理研究［J］. 科技与经济, 2018, 31 (1): 56-60.

［19］王锐, 李获, 阙师鹏, 廖作鸿. 基于改进 RFM 模型和证据推理的 MOOC 学习者忠诚度度量模型研究［J］. 江西理工大学学报, 2018, 39 (4): 52-57.

［20］俞守华, 张琦. 基于顾客细分的 Y 公司顾客关系管理研究［J］. 当代经济, 2018 (15): 106-110.

［21］龙跃. 制造服务价值演化研究综述与评析［J］. 软科学, 2011, 25 (10): 141-144.

［22］连漪, 杨硕. 基于忠诚度的顾客价值细分模型构建及其应用［J］. 商业经济研究, 2016 (14): 42-45.

［23］冯一纲. 基于顾客终身价值视角的顾客口碑推荐价值的实证［J］. 统计与决策，2016（12）：186-188.

［24］齐佳音，马君，肖丽妍，钟永光. 考虑顾客风险修正的顾客终生价值建模［J］. 管理工程学报，2015，29（2）：149-159.

［25］Chen Eyink，Michael Marn，Stephen Moss. 定价策略迷失：不只是简单降价［J］. 中国企业家，2008（21）：112-113.

［26］陈少霞. 基于价值结构的顾客赢利性测量与管理［J］. 管理工程学报，2017，31（2）：109-118.

［27］丁兴良. 大客户销售三部曲之三做对事：客户的心思你要猜（下）［J］. 中国商贸，2006（1）：76-77.

［28］李雁晨. 如何进行顾客分级［J］. 销售与市场，2008（31）：58-60.

［29］王渊. 基于 RFM 模型的协同过滤方法及其在个性化推荐中的应用［D］. 杭州电子科技大学硕士学位论文，2013.

［30］王晓文，沈思，崔旭. 基于 K-Means 聚类的学科服务用户市场细分实证研究［J］. 图书馆学研究，2017（9）：77-83.

［31］张东晖. 价值流理论在制造业成本控制中的应用［J］. 财会通讯，2016（2）：66-69.

［32］赵萌，齐佳音. 基于购买行为 RFM 及评论行为 RFMP 模型的客户终身价值研究［J］. 统计与信息论坛，2014，29（9）：91-98.

［33］郑文君. 电子商务环境下顾客忠诚度影响因素实证分析［J］. 商业经济研究，2015（15）：49-51.

［34］周英芬，徐明. 中国制造业成本降低问题研究综述［J］. 河南社会科学，2018，26（3）：45-50.

［35］周扬. 生产—流通二元视角下制造业企业职能成本结构动态调整问题研究［J］. 商业经济与管理，2017（5）：16-28.

［36］朱振达. 基于顾客资产的顾客份额价值研究［J］. 预测，2009，28（5）：72-76.

［37］黄由衡，韩霜．物流客户服务成本的特点与估算模型［J］．技术经济，2006（8）：55 - 57.

［38］黄由衡，韩霜．物流客户服务成本与物流服务水平关系探析［J］．物流技术，2007（2）：22 - 24，30.

［39］郑文．作业成本法在医院 CT 核算与管理中的应用研究［D］．南京医科大学硕士学位论文，2006.

［40］苗蕾，王家骥，张立威．社区卫生服务成本核算的研究进展［J］．中国卫生事业管理，2011，28（1）：14 - 17.

［41］王志章，韩佳丽．农业转移人口市民化的公共服务成本测算及分摊机制研究［J］．中国软科学，2015（10）：101 - 110.

［42］Mari Smith. 关系营销 2.0——社交网络时代的营销之道［M］．张猛，于宏，赵俐，译．北京：人民邮电出版社，2013.

［43］Alan Braithwaite, Edouard Samakh. The Cost - to - Serve Method［J］. The International Journal of Logistics Management, 1998, 9（1）：69 - 84.

［44］Andy Fred Wali. Customer Relationship Management and Marketing Effectiveness：A Comparative Consumer Study［J］. Paradigm, 2018, 22（2）：1 - 24.

［45］Arthur Hughes, A. Strategic Database Marketing［M］. Chicago：Probus Publishing, 1994.

［46］Barbara Bund Jackson. Build Customer Relationships That Last［J］. Harvard Business Review, 1985, 63（6）：120 - 128.

［47］Braithwaite A. , Samakh, E. The Cost - to - serve Method［J］. International Journal of Logistics Management, 1998（9）：69 - 84.

［48］Christian Grönroos. Relationship Marketing：Strategic and Tactical Implications［J］. Management Decision, 1996（34）：5 - 19.

［49］Christopher M. G. , Gattorna J. Supply Chain Cost Management and Value - based Pricing［J］. Industrial Marketing Management, 2005, 34（2）：115 - 121.

［50］Evert Gummesson. Total Relationship Marketing：Experimenting with a Synthesis of Research Frontiers ［J］. Australasian Marketing Journal （AMJ）, 1999, 7 (1): 72 - 85.

［51］ Eyink Cheri N. , Michael V. Marn, Stephen C. Moss. Pricing in an Inflationary Downturn ［J］. The Mckinsey Quarterly, Markeing, 2008 (9): 1 - 3.

［52］ Fare R. , Grosskopf S, Norris M, et al. Productivity Growth, Technical Progress and Efficiency Change in Industrialized Countries ［J］. The American Economic Review, 1994, 84 (1) : 66 - 83.

［53］ Fowler A. , Natarajarathinam M, Patwari K. Customer Stratification for an Industrial Distributor with a Service and Repair Business ［J］. Engineering Management Journal, 2016, 28 (1): 14 - 24.

［54］ G. Bitran S. Mondschein. A Comparative Analysis of Decision Making Procedures in the Catalog Sales Industry ［J］. European Management Journal, 1997, 15 (2): 105 - 116.

［55］ Hammer M. Reengineering Work: Don't Automate, Obilterate. Havard Business Review, 1990: 104 - 112.

［56］ Homburg C. , Droll M, Totzek D. Customer Prioritization: Does It Pay off, and How Should It Be Implemented?　［J］ Journal of Marketing, 2008, 72 (5): 110 - 130.

［57］ Jared Oakley, Alan J. Bush. Customer Entertainment in Relationship Marketing: A Literature Review and Directions for Future Research ［J］. Journal of Relationship Marketing, 2012, 11 (1): 21 - 40.

［58］ Jonker J. J. , Piersma N, Potharst R. A Decision Support System for Direct Mailing Decision. Decsi ［J］. Support System, 2009, 42 (2): 915 - 925.

［59］ Kaplan R. S. , Cooper R. Cost & Effect: Using Integrated Cost Systems to Drive Profitability and Performance ［J］. Smart Business Detroit, 2013, 8 (5): 11.

［60］ Kaplan R. S. , D. P. Norton. Using the Balanced Scored as a Strategic Management System ［J］. Harvard Business Review, 2007 (7/8): 75 - 85.

[61] KIM, Su – Yeon, et al. Customer Segmentation and Strategy Development Based on Customer Lifetime Value: A Case Study [J]. Expert Systems with Applications, 2005, 31 (1): 101 – 107.

[62] Lahutta D. , Wroński P. The Influence of the Cost – To – Serve Methodology on Customer Profitability [J]. Research Papers of the Wroclaw University of Economics, 2014 (345): 47 – 56.

[63] Larry Percy, John R. Rossiter. A Model of Brand Awareness and Brand Attitude Advertising Strategies [J]. Psychology and Marketing, 1992 (9): 263 – 274.

[64] Lawrence F. Barry, S. Gunasekaran, P. krishnadevarajan. Optimizing Distributor Profitbility: Best Practices to a Stronger Bottom Line [M]. Washington D. C. : NAW Institute for Distribution Excellence, 2009.

[65] Lawrence B. , Kutt PA. Sales and Marketing Optimization [J]. HVACR Distribution Business, 2010 (8): 30 – 34.

[66] Lawrence F. B. , Gunasekaran S, Krishnadevarajan P. Customer Stratification: Best Practices for Boosting Profitability [M]. NAW Institute for Distribution Excellence, 2011.

[67] Lawrence O. Hamer. A Confirmation Perspective on Perceived Service Quality [J]. Journal of Services Marketing, 2006, 20 (4): 219 – 232.

[68] Lee J. Comparative Advantage in Manufacturing as a Determinant of Industrialization: The Korean Case [J]. World Development, 1995, 23 (7) : 1195 – 1214.

[69] Leonard L. Berry. Emerging Perspectives on Services Marketing, Proceedings of Services Marketing Conference [C]. Chicago: American Marketing Association, 1983.

[70] Leonard L. Berry. Antecedents and Consequences of Customer Receptivity to Relationship Maintenance (with Neeli Bendapudi) QUIS 5 [C]. International Quality in Services Conference, 1996.

[71] Leonard L. Berry. Services and Relationship Marketing, Starting and Sustaining Your Career in Services Marketing, and Preparing for a Retailing Career: What Retailing Students Must Learn, AMA Summer Educators' Conference [C]. San Diego, California, August 3 – 6, 1996.

[72] Leonard L. Berry, Jeffrey S. Conant, A. Parasuraman. A Framework for Conducting a Services Marketing Audit [J]. Journal of the Academy of Marketing Science, 1991, 19 (3): 255 – 268.

[73] Liker J. K. The 14 Principles of the Toyota Way: An Executive Summary of the Culture Behind TPS [M]. Ann Arbor: University of Michigan, 2004.

[74] McWilliams. Stress in Palliative Care [J]. Progress in Palliative Care, 2004, 12 (6): 293 – 301.

[75] Narayanan A. , B. Rao, F. B. Lawrence, et al. Customer Stratification: Understanding Customer Profitiblility [M]. Production and Operations Management, 18th Annual Conference, 2007.

[76] Paul G. Patterson, Tasman Smith. Relationship Benefits in Service Industries: A Replication in a Southeast Asian Context [J]. Journal of Services Marketing, 2001, 15 (6): 425 – 443.

[77] Robert M. Morgan, Shelby D. Hunt. The Commitment – Trust Theory of Relationship Marketing [J]. Journal of Marketing, 1994 (58): 20 – 38.

[78] Robin Bellis – Jones. Budgeting for improvement [J]. The TQM Magazine, 1992 (4): 1 – 3.

[79] Randall R. Stratication and the Value of Being Right about the Customer [J]. Central Penn Business Journal, 2015, 31 (38): 13.

[80] Smith W. R. Product Differentiation and Market Segmentation as Alternative Marketing Strategies [J]. Journal of Marketing, 1956, 21 (1): 3 – 8.

[81] Sunil Gupta, Donald R. Lehmann, Jennifer Ames Stuart. Valuing Customers [J]. Journal of Marketing Research, 2004, 41 (1): 7 – 18.

[82] Theodore Levitt. The Globalization of Markets: An Evaluation after Two Decades [J] . Harvard NOM Working Paper No. 03 – 20; Harvard Business School Working Paper, 2003.

[83] Verhoef P. C. , Donkers B. Predicting Customer Potential Valuean Application in the Insurance Industry [J] . Decision Support Systems, 2001 (32): 189 – 199.

[84] Yaser Raeisi – Gahrooei, Amin Khodabakhshian, Rahmat – Allah Hooshmand. A New Stratified Random Sample Customer Selection for Load Research Study in Distribution Networks [J] . Electrical Power and Energy Systems, 2018 (97): 363 – 371.

[85] Young, L. Pricing for Profitability – Distributors Take Some of the Subjectivity Out of the Process [EB/OL] . Modern Distribution Management, http: //www. mdm. com/issues/38 – 15/features/55671. html.

后　记

转眼之间，我在高校从事市场营销教学工作已经 15 年。15 年间，有许多感悟和体验想和读者们分享。市场营销在中国的发展目前还存在很多误区，较为典型的如：一谈到顾客，特别是企业对待顾客的态度，众说纷纭——"顾客永远是上帝吗？"（Consumer is the king?）这句话其实在西方也有很多的争议。

本书致力于解决企业与顾客之间的关系问题，解读应该如何对待顾客，特别是顾客的分级问题。首先要澄清"市场细分"（Market Segmentation）与本书所提"顾客分级"（Customer Stratification）之间的区别：市场细分指的是企业根据顾客对产品或服务不同的需要和欲望、不同的购买行为与习惯，把某一产品的整体市场分割成需求不同的子市场（细分市场）的过程，而顾客分级则是指企业根据顾客对企业的价值贡献大小，将顾客按照贡献度区分为不同的顾客类别的过程。两者的共同之处在于：市场细分与顾客分级本质都是对顾客的区分对待，都是为了更好地满足顾客需求。两者的不同之处在于：市场细分是从企业服务顾客的角度出发，根据顾客需求不同选择所要服务的顾客类别，其实质是为了更好地选择出自己擅长的领域来满足顾客需求；顾客分级则是从企业自身成本的角度出发，根据顾客盈利能力及价值贡献不同选择是否要保留该类顾客，其实质是为了更好地节省成本付出来满足顾客需求。两者角度不同，目的不同，后者更为理性。看完本书，读者可以得出结论：并不是所有的顾客对于企业而言都是上帝，企业要学会区分。

本书通过构建顾客分级方法来为企业选择最为合适的顾客进行服务，其根本目的在于最大限度地控制不必要的成本付出，特别是考虑到了服务成本，尤其是在网络时代，如何通过指标和模型将现有顾客进行合理化分级，从而选择出优质顾客进行保留，剔除劣质顾客以节省成本，探讨了很多的实际案例和现有的研究进展，包括笔者团队目前取得的研究成果也放在了本书里，目的很简单：想为中国的市场营销学发展贡献一份微薄之力。

说到这里，要特别送上我的感谢：感恩我能在 2015～2016 年有机会加入 Texas A&M University 的 ID（Industrial Distribution）系，感恩我能遇到一群可爱、有趣又博学的灵魂，更感恩在异国他乡给我温暖的 TAMU 人。他们是 Dr. Lawrence、Dr. Pradip、Dr. Esther、Dr. Senthil、Dr. Clark、Dr. Mark Johnson、Dr. Wang、Dr. Yadav、Peggy Jo、Sally 和 Ramona……回国后我们继续保持联系，2018 年 Dr. Pradip 参与了天津市哲学社会科学项目"互联网时代基于服务成本衡量的顾客分级管理研究"（TJGL18－036），并为项目提供了许多真诚热情的帮助。之所以能够在不到一年的时间里顺利出版此书，最应该感谢的就是我所有的 ID 同事们！真心希望未来我可以像你们帮助我一样，让我给你们更多更有价值的回馈。五年过去，我也一直在和 ID 一起学习，我想在中国的相关研究领域尽我最大的努力帮助到这支最可爱的团队。欢迎来到中国！

同时，感谢经济管理出版社申桂萍主任和赵亚荣编辑不厌其烦的耐心修改与完善，感谢我的同事、学生给予我的鼓励和温暖，谢谢你们！

最后，也将此书献给永远支持我的父母、丈夫和女儿，正是你们的无私奉献才成就了我对于科学研究的探索之旅，我爱你们！

宗　毅

2021 年 6 月　天津商业大学